Come scrivere un libro

*Libro-corso che ti darà un metodo concreto da
seguire per scrivere il tuo primo libro*

Elena Mancini

Sommario

Introduzione

Chi di noi non ha mai voluto scrivere qualcosa? Un romanzo, un racconto, un libro di poesie? Chi non ha mai voluto trascinare i lettori in un lungo viaggio, affinché possano scoprire le passioni dell'autore e avventurarsi nei suoi pensieri? La letteratura, del resto, è in grado di affascinare chiunque, a patto di sapere in che modo scrivere un libro ed è proprio qui che fallisce la maggior parte dei novelli scrittori. Trascinati dall'impeto e dalla voglia di mettere nero su bianco i propri pensieri dando vita alla propria opera letteraria, ci si dimentica che la letteratura è una professione come tante altre: bisogna sapere in che modo scrivere un libro, esattamente come occorre sapere come realizzare una porta, come curare i pazienti oppure come costruire una casa che sia al contempo bella e resistente.

Da quanto scritto si può facilmente comprendere che esistono 2 tipologie di autori: i professionisti e i non professionisti, ovvero coloro che sanno esattamente come scrivere un libro e gli autori amatoriali, che cercano di scrivere senza un preciso metodo, ma basandosi sulle proprie letture o percezioni. Certamente, per scrivere un testo che sia bello e abbia successo è necessario leggere molto ispirandosi agli autori più famosi, ma non è l'unica condizione perché da sola la lettura non basta. Devi anche analizzare il testo, capire come è strutturato, in che modo lo scrittore ha realizzato le sue idee, quali erano le basi da cui era partito e così via. Ovviamente potresti anche provare a scrivere un libro leggendone tanti, ma probabilmente finiresti solo per perdere tempo ed energie, giacché non entreresti mai nel vivo dell'argomento.

Cosa intendo?

Facciamo un esempio: un tuo amico ha realizzato una torta che ti è piaciuta e ora vorresti ricrearla, ma ti vergogni di chiedergli la ricetta. E allora ecco che ti metti ai fornelli, cerchi di capire quali ingredienti sono stati inseriti nella torta e in quale quantità. Una volta scoperto questo aspetto, provi a intuire anche in che modo sono stati mischiati tutti gli elementi, quanto tempo ci vuole e così via. Alla fine dei conti, non conoscendo l'esatto procedimento, nel migliore dei casi riusciresti a farne una brutta copia, mentre nel peggiore falliresti completamente. Nella letteratura accade la stessa cosa: puoi replicare "a occhio" oppure potresti avvicinarti al lavoro con cognizione di causa e con la comprensione del fatto che un libro è il risultato finale di un incredibile lavoro intellettuale.

A differenza di quel che si potrebbe pensare, il testo non è solo "grammatica, ortografia e sintassi": è storia, dialoghi, movimento, pensieri, azione, passione, emozioni, ma soprattutto è atmosfera. Se vuoi incantare i lettori, crea un'atmosfera che li affascini.

Non basta sapere le regole grammaticali per creare un testo che sia in grado di trasportare il lettore in un viaggio, né è sufficiente sapere la sintassi per trasmettere i propri pensieri. Attualmente molte persone credono di poter scrivere un ottimo libro poiché semplicemente conoscono le regole della lingua italiana, ma si dimenticano delle regole per la costruzione dei dialoghi, della trama, degli episodi, delle sotto-trame e così via. Quel che ne deriva è, alla fine dei conti, un testo che scriverebbe chiunque sappia scrivere in italiano... Tuttavia, perché un libro sia apprezzato, esso dev'essere più profondo e serve molto più impegno rispetto al semplice "scrivere".

Serve, dunque, una guida o un metodo che si possa seguire passo dopo passo per creare non un libro qualsiasi, ma un'autentica opera d'arte che riesca a emozionare il lettore. Perché proprio l'emozione differenzia un libro che sarà posizionato sugli scaffali e dimenticato dall'opera per eccellenza, un testo che entrerà per sempre nel cuore e nell'anima del lettore.

A tutto questo, poi, si aggiunge anche lo stile di scrittura, che è la crema della torta. I bei testi si "gustano" proprio grazie a uno stile fluido, intellettuale o profondo. Certo, ogni autore con gli anni sviluppa il proprio, ma bisogna ricordarsi di migliorarlo in continuazione affinché sia perfetto e perché chiunque, leggendolo, ma non conoscendo l'autore, possa dire:

"Ah, queste righe le ha scritte X! Perché solo X poteva scriverle in questo modo!"

E allora, vogliosi di scoprire il giusto metodo per creare un libro originale e ben fatto, mettiamoci subito al lavoro.

Scopriamo come si crea "il" libro.

Passo 1: Tutto inizia dall'Idea

Ogni opera letteraria, partendo dalle brevissime poesie, spaziando dal più piccolo racconto per finire con la più grande epopea mondiale in stile "La Ruota del tempo" o "La guerra e la pace", ha un'idea alla sua base: l'amore, il conflitto, la perdizione, la scoperta del mondo, l'avventura, l'uscita dagli schemi, la società, una profonda introspezione interiore...

Insomma, non si scrive tanto per passatempo, ma perché si ha qualcosa da dire. Perché si vuole trasmettere quell'idea al lettore, si vuole condividere il proprio pensiero. Certo, la scrittura è piacevole: accendere la musica, mettersi seduti davanti al foglio e lasciar scorrere le dita sulla tastiera o la penna sul foglio ha il suo perché, ma senza creare un testo dalla profonda idea interiore resta solo un hobby qualsiasi. Proprio l'idea trasforma la grafomania in un lavoro di scrittura.

Non è un caso se leggendo le memorie di grandi scrittori si notano spesso frasi relative al momento in cui gli è venuta in mente questa o quella idea. Ad alcuni veniva durante un viaggio in Paesi esotici e lontani, ad altri durante una conversazione, mentre ad altri ancora durante una guerra o una spedizione militare. Non si può mai sapere quando nella testa dell'autore si accende quella specie di lampadina che lo illumina e lo porta a pensare:

"Diamine! Ma questa è un'ottima idea! Devo per forza scriverla!"

Come dovrebbe essere l'idea?

Se da un lato l'idea è ciò che porta alla scrittura del testo, d'altro canto è anche ciò che blocca lo scrittore.

"Ho questa idea, ma mi sembra troppo banale, infantile!"

Non appena in mente viene il tema del libro, subito dopo ci si blocca, perché si teme che non sia abbastanza maturo e/o ideale. Moltissimi scrittori in erba non iniziano a scrivere proprio perché la loro idea non sembra abbastanza brillante da attirare le attenzioni altrui. Si cerca la perfezione, dimenticandosi che si tratta di un concetto astratto. Così il tempo passa, l'idea che ci si porta nella mente resta al suo stato embrionale e non si riesce a passare alla fase della scrittura.

La realtà è che si può scrivere di qualsiasi cosa, anche delle cose più futili. Non serve per forza trattare temi come l'eternità, la morte, l'aldilà, né occorre per forza di cose pensare a temi filosofici, ma che in ultimo luogo potrebbero risultare particolarmente noiosi per il lettore, specialmente se "sparati" senza criterio e metodo sulle pagine di un libro di narrativa. Puoi scrivere di tutto ciò che vuoi, iniziando dai temi più banali e a prima vista insignificanti per finire con quelli più profondi e intellettuali.

Non ci sono, quindi, dei parametri precisi che definiscono la validità di un'idea, poiché tutte le idee sono valide. Né potresti pensare che la tua idea sia poco originale, poiché ormai non esistono idee davvero originali: esistono solo modi diversi di raccontare quell'idea. Vuoi parlare di un viaggio? Fallo in modo creativo, magari collegando il tuo racconto all'idea secondo cui un viaggio è sempre un'avventura che ti dà la possibilità di scoprire la grandezza del mondo e conoscere le tradizioni dei popoli lontani. Vuoi scrivere un romanzo che parla di una guerra? Puoi descriverla in modo creativo, come nessuno ha mai fatto prima di te, inserendo tra le righe le tue idee.

Ciò che viene premiato non è tanto l'originalità dell'idea o il messaggio principale, bensì il modo in cui né parli. Perché il compito di un bravo scrittore è quello di mostrare raccontando, non è quello di dare delle definizioni accademiche o di pretendere di essere un intellettuale che dispensa la verità assoluta. Ricordati: non scrivi per convincere di qualcosa te stesso o gli altri, ma scrivi per raccontare la vita, il mondo e le storie delle persone.

Fissare l'idea

Una volta che hai chiara in mente l'idea del tuo futuro libro, non ti resta che procedere oltre e dar vita alla trama. Probabilmente, questa è una delle fasi più complesse relative alla scrittura del libro, anche perché all'inizio c'è sempre una certa "nebbia": non si riesce a vedere i personaggi, si ignora la trama principale, ci si concentra sui dettagli poco importanti e alla fine dei conti ci si dimentica dell'idea principale iniziando a esplorare tutto il resto. Si vuole fare tutto e subito, ma si finisce per non fare nulla. Invece di partire subito in quinta cercando di scrivere l'intero romanzo in una sola notte, è meglio procedere per gradi. Per esempio, prima di svolgere le altre operazioni non sarebbe forse meglio scrivere l'idea in pochissime righe cercando di riassumerne l'essenza in modo tale da poterlo spiegare facilmente? Così facendo si potrà chiarire ciò che si desidera scrivere e avere una risposta pronta alla solita, e in alcuni casi imbarazzante, domanda:

- "Ma di cosa parla il tuo libro?"

Una volta che le tue 5-6 righe saranno scritte, non te ne dimenticherai e potrai ricordarti dell'idea alla base della tua opera letteraria in ogni momento. D'altro canto c'è anche una cattiva notizia da considerare: le 5-6 righe scritte non sono sufficienti per poter dire di aver sviluppato l'idea. Si tratta solo di una piccolissima sintesi che ti permetterà di vedere meglio ciò che desideri scrivere, ma che non ti darà la possibilità di descrivere dettagliatamente la trama.

Sviluppare l'idea

Prima di passare alla scrittura della trama, che rappresenta la spina dorsale del libro, devi scrivere due riassunti del tuo futuro testo: il primo andrebbe sviluppato su 2/3 pagine e ti permetterà d'indagare più approfonditamente sulla tua idea. Il secondo, invece, dovrebbe essere più lungo del primo e andrebbe sviluppato in modo più ampio, circa in una decina di pagine. Esso rappresenterà un prototipo della trama che si vuole seguire, anche se è "solo" una sintesi di quello che si vuole scrivere.

Ovviamente, non ti serve una sintesi così approfondita se ciò che vuoi realizzare è un breve racconto. Il nostro esempio si riferisce ai riassunti completi dei romanzi da 150/200 pagine, ma in linea di base è naturale che la lunghezza debba essere proporzionale a quella della tua opera.

Non devi avere fretta e prima di passare alla stesura della storia vera e propria, rileggi diverse volte la tua sintesi, il tuo piccolo riassunto e il tuo lungo riassunto. In questo modo vedrai se non ci sono errori o incongruenze di qualsiasi tipo. Inoltre, è un ottimo modo per vedere se ci sono degli spunti troppo banali e migliorarli. Non sottovalutare questo lavoro, giacché è un'opera di perfezionamento che ti permetterà di dar vita a un libro migliore. Non solo: analizzando i tuoi errori durante la fase di scrittura del riassunto diventerai un autore più completo ed eviterai tutte le parti inutili della storia, in quanto non apportano nulla allo sviluppo della trama, né aggiungono niente al carattere dei personaggi.

Specialmente quando si è agli inizi della propria strada di scrittura si tende a inserire nel testo tantissimi elementi e vari fattori che in ultima analisi non sono utili al lettore. Si pensa che tutte le idee siano meritevoli di ritrovarsi sulle pagine del libro, ma non è così. Con la giusta dose di esperienza vedrai che alcuni episodi sono superflui, altri inutili e poi ci sono anche quelli che fanno semplicemente perdere tempo al lettore. Non è un caso se dopo la fine del libro si tende a eliminare moltissime parti, anche particolarmente lunghe, pur di ridurre il testo al necessario per illustrare la storia, i personaggi e per spiegare al lettore ciò che gli si voleva dire.

Considera comunque che la parte principale della letteratura di narrativa non sono tanto le idee, quanto le lettere. La letteratura, del resto, non si chiama "idea-tura", bensì "lettera-tura": è il modo in cui posizioni le lettere, come adoperi le parole e costruisci le frasi. Le idee sono, certamente, molto importanti, ma rappresentano un fattore di secondaria importanza.

Dal riassunto al libro

Un buon modo per iniziare subito a scrivere il proprio libro è ampliare costantemente il riassunto. All'inizio, come già accennato, puoi scrivere quello breve e quello lungo. Successivamente puoi darti da fare al fine d'ampliare il riassunto più lungo: dalle 5 pagine puoi passare a 10, poi a 20 e così via. Man-mano che il lavoro procederà aggiungerai al tuo libro sempre più dettagli facendolo crescere di dimensione, ma non devi esagerare: aggiungi unicamente le cose più utili, come detto prima. Puoi anche "buttare" dentro al testo tutto ciò che desideri, ma successivamente dovrai compiere un lungo lavoro di controllo per verificare se, per caso, non ci sono episodi o personaggi inutili.

Tale metodo, per quanto possa sembrare efficace, in realtà ha diversi problemi. Innanzitutto, così facendo non riesci a usufruire di una visione d'insieme durante tutte le fasi della scrittura. A un certo punto semplicemente rischi di dimenticarti cosa accadeva in quello o quell'altro capitolo e doverti rileggere il resto. Di contro, creando uno schema dettagliato e procedendo per passi, lentamente, non correrai un simile rischio. Quanto detto è comunque indicativo, poiché ogni scrittore con il trascorrere del tempo sviluppa una propria metodologia di lavoro. Qualcuno si trova meglio a lavorare in un modo, mentre un altro preferisce altre metodologie.

Le domande preliminari

Una volta che avrai sviluppato le parti precedenti, ti sarà più semplice rispondere a tutti i quesiti relativi al tuo testo. Farlo è importante non solo per te stesso, ma anche per tutti coloro che conosceranno i tuoi sforzi e ti faranno la "solita" domanda già ricordata prima:

- "Di cosa parla il tuo libro?"

Devi sapere esattamente di cosa parli e spiegarlo in 1-2 frasi, che rappresenteranno il tema centrale della tua opera. Questo, però, non basta, perché dovresti andare oltre e spiegare il motivo per cui la tua storia è importante. Del resto, nel mondo esistono migliaia di libri, di opere letterarie e trattando temi banali, non interessanti, la tua rischia di perdersi in mezzo a tonnellate di altre. In pratica, devi sapere cosa la tua storia ha di così speciale per meritare di essere raccontata ad altri? E, soprattutto, sei sicuro che gli altri vogliano leggerla? Perché se la tua storia è di come vai a scuola e sei costretto a studiare, poverino, forse-forse non vale la pena di scriverla.

Se il tema è simile a quello di altre storie, cerca d'individuare delle differenze. In cosa la tua storia si diversifica? Qual è il suo elemento più speciale? Di quali componenti è fatto il tema? Quante volte è stato trattato in passato?

Dandoti queste risposte, cerca di criticarti da solo. Sii severo, ma non troppo. Rifletti su cosa gli altri potrebbero pensare a proposito delle domande che ti poni e delle risposte che dai.

Scegliere il target

Prima di partire dovresti conoscere anche un altro fattore: il tuo target, ovvero a chi ti rivolgi. Non puoi pensare di parlare a tutta l'umanità, perché le persone sono molto diverse e, indipendentemente da come scrivi, il tuo libro potrebbe comunque non piacere a qualcuno. Scrivendo in maniera troppo semplicistica, per esempio, rischi di allontanare coloro che ricercano una scrittura più raffinata e ricercata. Scrivendo in maniera troppo complessa, invece, allontanerai coloro che vorrebbero leggere un libro semplice e scorrevole. Così come è ovvio che alcuni temi, interessanti per i bambini, potrebbero non essere interessanti agli adulti. Non puoi pretendere di far sì che il tuo libro piaccia proprio a tutti. Anzi: più sarà ristretto il tuo target e meglio saprai in che modo scrivere affinché le persone si interessino alla tua opera.

Passo 2: strutturare la storia

Con i riassunti e la sintesi a portata di mano puoi finalmente strutturare la storia, ben tenendo in mente che il riassunto e la sintesi sono sempre lineari, ovvero hanno una struttura che va in ordine cronologico, dalla data A alla data Z. La struttura della storia, invece, può essere differente: potresti prima parlare dell'episodio che avviene alla fine, così come illustrare quello che si trova a metà storia e così via. In pratica, la struttura può essere non lineare, ma devi fare attenzione a non farla troppo caotica. Uno dei maggiori errori di tanti principianti è quello di creare subito cose troppo grandi e complesse. Iniziano dando vita a vere e proprie epopee senza avere l'esperienza necessaria per scrivere almeno un piccolo racconto.

Se vuoi davvero imparare a scrivere i libri, devi partire dalle cose più semplici, quelle di "livello 1", per così dire. Una volta che imparerai a scrivere bene i testi più immediati, come i brevi racconti o articoli, potrai passare alla fase immediatamente successiva e iniziare con la scrittura di opere di maggiore dimensione. Persino i più grandi scrittori del mondo hanno dovuto perdere molto tempo prima di scrivere un bel racconto. Al contempo devi anche allenarti continuamente: scrivere, scrivere e ancora scrivere. Perché, alla fine dei conti, la scrittura può essere paragonata a uno sport: se vuoi avere successo e creare testi belli da tutti i punti di vista, non puoi fare a meno di allenarti costantemente. Quanto detto vale non solo per il tuo stile, che dovrà essere perfezionato costantemente, ma anche per la tua capacità di raccontare...

Non sai di cosa si tratta? Non ti preoccupare: si tratta di un problema comune a tanti, anche perché è un tema che crea confusione, specialmente se non si conoscessero le basi del racconto. La buona notizia è che si può facilmente ovviare.

Pensa a questo: tu, in quanto ammiratore delle storie altrui, vorresti leggere dei racconti troppo confusi, grandi, con tanti elementi inutili e noiosi, oppure vorresti addentrarti in racconti avvincenti? Quelli che ti trascinano nella storia e ti portano con sé?

La risposta sembra ovvia ed è per questo motivo che all'inizio è meglio partire dalle strutture narrative più semplici. Sfrutta quelle lineari. Impara a descrivere le storie in senso cronologico, dalla A alla Z. Una volta che capirai come farlo, potrai passare oltre e provare a creare una struttura "mista": una persona che nel presente racconta di qualcosa che era successo in passato. Gli episodi X, nei quali un personaggio dinnanzi a un giudice racconta di come ha commesso un crimine, si intervallano con gli episodi Y, in cui racconti direttamente cos'era accaduto.

Poi potresti provare la stessa struttura, ma senza intervallare gli episodi, bensì spiegando nel presente ciò che era accaduto nel passato. Generalmente questo approccio viene applicato per i testi abbastanza grandi e, soprattutto, per non creare confusione. Se proprio volessi sperimentare, potresti considerare la possibilità di partire dalla fine del racconto e andare a ritroso, ma considera che si tratta di un approccio un po' complesso.

L'importante è che ora tu capisca questo: devi sapere tutta la storia e, volendo, iniziare a raccontarne solo il frammento più interessante per il lettore, lasciando tutto il resto nel reame dell'ignoto.

A quelle indicate precedentemente si aggiunge anche un'altra struttura importante: "a scatole cinesi". Il senso è semplice: un episodio porta alla scoperta di quello successivo e non per forza la storia viene raccontata in senso cronologico. L'episodio C porta alla scoperta dell'episodio A, che dà vita all'episodio B. Quest'ultimo quindi porta all'episodio F, dal quale nasce quello D che porta all'E e così via.

Come abbiamo visto, la tua storia si compone di vari episodi e sta a te capire in che modo combinarli. In futuro potrai creare anche dei racconti non particolarmente lineari, misti, ma considera quanto abbiamo detto prima: guarda alla storia con gli occhi del lettore.

Di base, le possibili composizioni sono 6:

a. La diretta (ovvero la più usata);
b. La circolare (scena iniziale-scena finale);
c. La mista (con il cambio dei posti e delle fasce di tempo);
d. A inversione (in cui tutto a un certo punto cambia a 180° e il personaggio principale potrebbe diventare il principale antagonista);
e. A punto (in cui molti filoni si ricongiungono in un solo punto);
f. A revolver (in cui un evento viene raccontato dal punto di vista di molti personaggi, di cui ognuno interpreta a modo proprio quel che accade).

Crea lo schema della struttura narrativa

Nel capitolo precedente abbiamo parlato della necessità di scrivere la sintesi, il riassunto breve e il riassunto lungo in modo da chiarire tutti i punti più importanti della storia. Nel caso dello schema narrativo dovrebbe avvenire la stessa cosa, poiché non potrai ricordarti per sempre della giusta disposizione degli episodi. Quindi hai bisogno di un breve schema che ti dia una maggiore chiarezza e che ti permetta di ricordare la giusta disposizione degli episodi.

Come crearlo? Niente che sia troppo difficile:

1) Prendi il tuo riassunto breve e leggilo attentamente. In che modo vorresti disporre gli episodi? Come credi che sia meglio esporre la tua storia? Se non hai voglia di compiere troppe operazioni o se vedi che la tua storia potrebbe risultare confusa durante la fase di scrittura, potresti sempre preferire la linearità. Anche se a prima vista sembra la soluzione più semplice e più facile, in realtà può comunque presentare numerose complessità e risultare particolarmente ostica durante varie fasi. Preferendo la struttura lineare alle altre beneficerai anche di un altro vantaggio: il lettore non rischierà di perdersi in mezzo agli accenni relativi alle cose accadute in passato, motivo per cui avrà più chiara la storia. Come sempre, però, devi controllare non solo che sia chiara, ma anche che non abbia incongruenze o errori di sorta: un personaggio alto e snello nel primo capitolo non può diventare basso e grasso nel secondo (tanto per fare un esempio).

2) Una volta che sai come raccontare la storia, non ti resta che farlo. Procedi facendo la sintesi del primo capitolo e chiarendo in che modo vuoi raccontarlo. Specifica cosa dovrebbe avvenirvi, a cosa prestare attenzione, quali sono gli eventi chiave e così via. In questo modo creerai una struttura preliminare del capitolo che ti faciliterà la vita durante la scrittura. Potresti andare anche più a

fondo e dividere la struttura complessiva del capitolo in una serie di paragrafi specificando ciò che descrivi nei vari elementi del testo.

Qui, però, bisogna fare una precisazione relativa al "conflitto" tra la troppa "strutturalità" e la libertà d'inventare. Esistono coloro che descrivono tutto sino ai minimi dettagli e quelli che preferiscono inventare.

Ci sono, insomma, scrittori e scrittori.

Il consiglio che ti posso dare in merito è di provare, vedere cosa ti è più congeniale, ma non abusare né della troppa libertà d'invenzione, né appesantire troppo la struttura, poiché la scrittura è un processo estremamente fluido e l'ispirazione non è soltanto un modo di dire, bensì è un concetto che ti porta ad avere una maggiore passione, oltre a diverse idee particolari. Perciò durante la scrittura ti verranno nuove idee. Vedrai che la scrittura si trasformerà in un processo praticamente autonomo: seguendo la struttura principale la amplierai, la decorerai con il tuo stile e né verrà fuori la tua storia.

3) Un importante consiglio è rileggere il capitolo man-mano che procedi, il che è importante per vari motivi. In primis, come già accennato, preso dall'ispirazione e dalla libertà d'inventare potresti includere nel testo nuovi elementi e dimenticartene creando così delle

incongruenze e diminuendo il realismo della tua storia. In secondo luogo, rileggendo costantemente perfezionerai il testo: troverai gli errori, le ripetizioni, vedrai quali frasi sono troppo lunghe o pesanti da leggere e così via. Ricordati che il tono di voce e lo stile usati per un capitolo devono essere adoperati per tutto il libro, a esclusione dei capitoli in cui in cui la storia è raccontata dal Punto di Vista di un altro personaggio. Questo significa che un capitolo raccontato dal punto di vista di una bambina dev'essere scritto diversamente rispetto al capitolo raccontato dal punto di vista di un uomo adulto.

4) Non esitare a cancellare le parti strutturali che ti sembrano superflue e che non fanno altro che appesantire il testo. Il lavoro di un bravo scrittore paradossalmente non è solo quello di scrivere, ma anche di eliminare le parti inutili. Immagina il tuo libro come un'opera d'arte: sarebbe davvero tale se vi lasciassi delle parti superflue, che renderebbero disarmonico l'intero libro?

Insomma: il David di Michelangelo sarebbe davvero stato la statua più famosa e apprezzata del mondo se l'autore vi avesse lasciato un blocco di troppo oppure uno incompiuto?

Questa è anche una delle parti più difficili, specialmente dopo la stesura del testo, perché nessuno vuole cancellare il proprio lavoro, specialmente lungo e faticoso. Pertanto è meglio eliminare subito le parti della struttura che sono inutili, non spiegano nulla e non ti permettono di far sì che il lettore scopra qualcosa di nuovo. Insomma, se c'è un episodio in cui non succede niente e i personaggi non fanno nulla, forse sarà meglio eliminarlo. Buttando vita una parte del tuo schema non correrai il rischio di dover cestinare un intero paragrafo dopo la fine del libro.

5) Allo stesso modo scrivi la struttura degli altri capitoli e guardali nel loro insieme. Vedrai che alcuni capitoli contengono più episodi, altri meno, ma un singolo episodio può essere molto lungo oppure molto breve. Non capirai quanto sarà lungo un capitolo finché non ti metterai a scriverlo, ma devi avere una visione d'insieme per capire in che modo accentuare alcuni episodi. Del resto, in un libro si trovano sia eventi molto importanti, sia passaggi che sono utili alla storia, ma che non hanno un impatto così forte come gli episodi principali, sia parti del tutto inutili. Pertanto è normale che tenderai a descrivere maggiormente alcune parti della storia e concentrarti di meno sulle altre. La visione d'insieme della struttura narrativa ti permetterà appunto di capire

su cosa è meglio accentuare l'attenzione durante la scrittura. Inoltre, si tratta di un ottimo modo per capire l'essenza della storia.

Composizione

Parlo di un altro parametro di qualità. Principalmente si tratta della sequenza degli eventi che mostri, ovvero dell'ordine in cui accadono le cose. Per migliorare la tua capacità di composizione devi sapere precisamente quale episodio devi mostrare prima e quale dopo. È importante per non creare confusione nella sequenza degli eventi, in quanto il lettore potrebbe confondersi.

Grazie a una buona composizione potrai beneficiare di una maggiore chiarezza del testo, in quanto il lettore saprà esattamente cosa accade. Gli eventi in tal caso diventeranno più semplici da interpretare e ci si ricorderà anche di ciò che è accaduto in passato. Durante la scrittura della composizione è importante ricordarsi di fattori come l'ironia, l'amore, l'umorismo e così via.

Affinché la tua composizione sia efficace, puoi seguire il seguente schema adottato per un gran ventaglio di libri di narrativa:

1. Un inizio a effetto basato sulle emozioni più intense, come la paura, l'amore e così via. Parlo di tutte quelle scene che fanno nascere in te una forte emozione. Perché? Semplicemente perché è efficace e contribuisce a interessare il lettore spingendolo a leggere ancora. Le parole che usi dovrebbero essere scelte con una particolare attenzione, in modo da far capire al lettore che non adoperi i termini in maniera casuale, ma che li utilizzi attentamente.

2. Dopo l'introduzione arriva la necessità di far addentrare il lettore nel mondo del libro. Devi presentargli il conflitto principale, chiarendolo quasi come se fosse una specie di cannone che or-ora sparerà:

a. "Guarda qui," - devi dirgli tramite il tuo testo. - "questo è il mio cannone e se continuerai a leggere, esso sparerà e farà un gran boato! Ti interesserà, stanne certo."

3. Poi inizia a introdurre il tuo personaggio mostrandolo al lettore man-mano che evolve la trama. Non devi spargargli tutta la sua storia in poche pagine, ma diluirla in varie parti di testo assicurandoti che siano interessanti. Per farlo potresti anche usare le retrospezioni descrittive, ovvero descrivere il suo passato per spiegare alcuni suoi comportamenti presenti. Non descrivere subito tutti i personaggi, perché più è alto il loro numero e maggiormente devono essere collegati tra loro. Altrimenti la storia sembrerà troppo

banale e i vari eroi appariranno molto distaccati. Ricordati che i personaggi vengono ricordati soprattutto a causa del legame emozionale creato con il lettore, non solo per quanto riguarda le loro azioni, ma anche i loro pensieri. In questa fase è importante essere intriganti, tenere nascosti i maggiori segreti facendo intuire al lettore che li potrà scoprire in seguito, se continuerà a leggere.

4. Che libro sarebbe senza le peripezie da affrontare? Un bravo scrittore è sadico e fa vivere ai suoi personaggi delle avventure assurde, facendogli provare dolore, dolore e altro dolore. Non si può ottenere nulla di davvero valoroso senza soffrire. La loro strada è intrisa di difficoltà, ma li porta a ottenere quello che desiderano nonostante tutti gli ostacoli. E alla fine c'è la culminazione di tutta l'opera, oltre che il premio per aver resistito.

5. La culminazione è relativa al principale conflitto dell'opera, motivo per cui si deve trattare di una scena particolarmente intensa, ben descritta. Si tratta dell'episodio in cui devi far salire il nervosismo incollando il lettore al libro. Fallo stare sulle spine in attesa di vedere la rivelazione del segreto e costringilo ad attendere prima di dargli le risposte alle domande. Poi spara dal tuo cannone e fallo in un modo così intenso che il lettore se lo ricordi per sempre.

6. Infine, la scena finale in cui chiudi la trama e tutti i suoi filoni. Basandosi su quanto vi è scritto, il lettore deve comprendere cosa è accaduto. Puoi fargli scoprire tutti i segreti oppure lasciare un finale aperto, affinché aspetti il sequel del tuo romanzo. Tuttavia, se non hai in mente l'idea di scrivere la continuazione, allora premurati di dare al lettore le risposte che desideravi ottenere. Glielo avevi promesso, te ricordi?

La cosa più importante della composizione è la sua imprevedibilità. Essa deve sempre includere delle sorprese e far capire al lettore che continuando a leggere ne avrà altre. Più sarai imprevedibile e maggiore sarà l'interesse nei confronti della tua opera. Per capirlo, pensaci: ti piacerebbe leggere una storia di cui è facile prevedere lo sviluppo o una storia con tanti colpi di scena?

Creare altri rami della trama

La trama può essere brevemente definita come "qualcuno che fa qualcosa": un personaggio impegnato in un'azione. Alla trama principale puoi aggiungere delle storie secondarie che la completano, ovvero altri "qualcuno che fanno qualcosa". In tal caso puoi anche raccontarle dal punto di vista del personaggio principale oppure creare dei capitoli a parte, in cui racconti lo svolgimento delle azioni dal punto di vista dei personaggi secondari. Ti consiglio, però, di non abusare di questo modo di scrivere, poiché raccontando la storia dal punto di vista di troppi personaggi metterai in difficoltà il lettore, che non si immedesimerà abbastanza in nessuno di questi.

Ricordati anche che le trame secondarie devono ingrandire e spingere in avanti la trama principale. Le sottotrame devono approfondire la storia principale, spiegare meglio alcuni episodi, chiarire le idee al lettore: se ben costruite, esse permettono di dare un maggiore spessore alla storia e ne valorizzano l'arco narrativo. Una storia con una sola trama è, difatti, banale, superficiale e piatta.

La sottotrama può essere molto variabile: essere collegata al protagonista principale o a un personaggio secondario, essere slegata dal tempo narrante e concentrarsi in un lontano passato, riguardare un evento che accade nello stesso arco temporale, ma in una terra lontana e così via. La cosa importante è che la sottotrama non sembri slegata dal libro nel suo insieme, poiché se venisse a mancare la percezione dell'unità dell'opera, il lettore non riuscirebbe a vederla come "univoca". Perciò bisogna essere bravi ad amalgamare insieme i vari filoni, spiegando come si intrecciano, in che modo interagiscono gli uni con gli altri e così via.

I filoni possono essere raccontati separatamente e unirsi in un punto, così come semplicemente completarsi a vicenda: le informazioni contenute in un filone possono spiegare le motivazioni dei personaggi che agiscono in un altro filone. La loro lunghezza può essere variabile, ma ricordati comunque che esiste la trama principale e che le altre, per quanto possano essere importanti al fine della storia, sono comunque secondarie. A te, quindi, la scelta su quanto spazio dedicarci, come descrivere quelle trame e così via. Il miglior consiglio è d'iniziare con pochi filoni e non troppo grandi, ampliandoli successivamente, quando aumenterà la tua bravura.

Se vuoi creare una trama principale davvero coinvolgente e aggiungere a quest'ultima delle sottotrame che la amplieranno, devi prestare attenzione anche a un altro fattore: il ritmo di racconto. Creare una storia ben fatta, difatti, non basta, poiché bisogna anche esporla con la giusta velocità. Pensaci: se racconti delle tue vacanze a un amico, puoi subito esplicargli tutto ciò che hai fatto, oppure potresti "gustarti" quel racconto. Lo stesso discorso riguarda anche le trame di un libro: puoi "spararle" subito sulle pagine, o in alternativa puoi illustrarle con il giusto ritmo, facendo in modo che il lettore si appassioni alla tue storie.

Nel processo di creazione delle trame secondarie darai vita a molti filoni inutili che in ultima istanza non apporteranno nulla. Per capire cosa eliminare, puoi farti delle semplici domande. Chiediti in che modo la sottotrama sostiene la tua storia principale, cosa caratterizza e come lo fa. Inoltre, ricordati che sia la trama principale, sia la sottotrama dovrebbero avere 2 elementi principali: innanzitutto un inizio avvincente e poi un finale inatteso con un colpo di scena.

Le molle della trama

La tua trama deve costantemente andare avanti trasportando il lettore con sé. Per narrare la storia in modo divertente, senza fissarti sulla composizione diretta, potresti mettere in atto un paio di trucchi. In primo luogo ricordati della possibilità di cambiare spesso i guai in cui capitano i personaggi esattamente come i periodi temporali in cui lo fanno. Per arricchire la trama principale aggiungici le sottotrame e ricorda che puoi arricchire anche queste aggiungendo altre sottotrame (terziarie) ai filoni secondari già presenti. Così facendo puoi allontanare l'arrivo del finale, ma devi essere bravo a variare molto ciò che descrivi per non annoiare il lettore. Una sottotrama deve, difatti, avere un motivo di esistenza. Non metterla nel libro giusto per farlo: deve avere un suo "perché" e apportare qualcosa alla storia.

Se vedessi che stai inserendo troppi dettagli, ricordati della possibilità di usare la tecnica del "fatto nascosto": scrivi il testo senza rivelare al lettore il dettaglio più importante, quasi come se non ci fosse.

Infine, per muovere la trama puoi anche creare un miscuglio di 2 o più episodi differenti. La bravura di uno scrittore sta anche nella sua abilità di accennare alle cose importanti, ma di non rivelarle davvero per far restare vivo l'interesse fino alla fine.

Passo 3: scegliere la voce narrante

Il tuo stile si ricollega a un altro fattore molto importante che spesso viene dimenticato: la voce narrante, ovvero come si narra la storia. Si può narrarla in prima o in terza persona.

Nel caso della prima persona, racconti le cose come se le avessi vissute tu stesso. In tal caso il personaggio principale osserva il mondo con i suoi stessi occhi. Si tratta di una narrazione in cui l'autore si immedesima maggiormente nel personaggio e ha sia vantaggi che svantaggi. Tra i lati forti di questo approccio spicca l'immediatezza del racconto. Scrivere viene più facile, ma non bisogna fare l'errore d'immedesimarsi troppo: nonostante il racconto venga fatto in prima persona, in determinate situazioni l'autore farebbe una cosa, mentre il personaggio tutt'altra. Quindi, se per esempio davanti a una battaglia l'autore scapperebbe oppure si nasconderebbe, il personaggio si getterebbe nella mischia. È importante ricordarlo soprattutto quando si scrive in prima persona per personaggi diversi: questi non solo non si comporterebbero come l'autore, ma addirittura farebbero scelte diverse in occasioni differenti.

Un altro fattore da considerare è l'accentuazione dell'attenzione sul singolo personaggio, poiché osservando il mondo con gli occhi di una sola persona è normale che l'autore concentri sulle pagine i suoi pensieri, azioni e in generale spieghi più approfonditamente la sua psiche. Se da un lato si tratta di un vantaggio che permette di approfondire il personaggio e di scoprirlo, d'altro canto è anche un problema poiché concentrandosi solo su un personaggio si rischia di appiattire la storia rendendo più noioso il racconto. Bisogna, quindi, trovare l'equilibrio tra il raccontare la psiche del personaggio e l'azione: una persona non può unicamente pensare, ma deve agire.

Prima di scegliere bisogna valutare anche un altro aspetto importante, che si concentra sulla tua psiche: è un dato di fatto che gli autori esordienti preferiscono la prima persona, mentre gli scrittori più esperti scelgono maggiormente la terza.

Perché?

Il motivo principale è che l'autore esordiente tende a influenzare l'opera con il proprio vissuto interiore. Il protagonista, quindi, non fa altro che rappresentare una specie di "confezione" per i pensieri veri dell'autore. Gli autori con una certa esperienza, invece, imparano a distaccarsi dalla storia e dai personaggi evitando di trascinarvi il proprio vissuto, motivo per cui preferiscono la terza persona.

Anche se agli occhi di uno scrittore in erba potrebbe sembrare il contrario, la terza persona permette comunque di esplorare la psicologia dei personaggi, non tramite i pensieri che non vengono quasi mai citati sulle pagine dei libri, ma per mezzo delle azioni dei personaggi. Per esempio, se uno di questi si arrabbiasse, invece di scrivere che è arrabbiato oppure di mettere tra le virgolette i suoi pensieri di rabbia, mostra il suo nervosismo. Fagli sbattere il pugno sul tavolo. Descrivi come il personaggio si arrabbia e si agita. Fagli ribaltare quel tavolo, perché il tuo compito non è quello di documentare le emozioni oppure di scriverle sotto forma di pensieri. Il tuo compito è quello di mostrarle.

Allo stesso modo, se fossi intento a descrivere un personaggio particolarmente attento ai dettagli, non scriverlo direttamente:

"Lorenzo era attento ai dettagli, perciò ha notato..."

Mostralo.

Se il tuo personaggio fosse un tipo sveglio, potresti anche esplicarlo in un dialogo, sia con il personaggio di cui ha colto i dettagli, sia con un altro.

Il problema della terza persona è che ha dei grandi vantaggi invisibili agli occhi di un esordiente, giacché è un modo di scrivere che richiede una maggiore attenzione e analisi. Un esordiente, che spesso scrive di getto, preso dall'impeto della scrittura, non vuole analizzare il testo. Egli scrive, scrive, scrive. Per non perdere l'ispirazione, non vuole proprio fermarsi. Un simile approccio, in realtà, è piuttosto negativo, non solo perché si scrive tutto ciò che viene in mente, ma anche perché il punto di vista resta limitato a una sola persona.

Scrivendo in terza persona potrai, invece, giocare con il punto di vista impostando la narrazione quasi come se fosse un film. Così facendo si crea anche un maggiore coinvolgimento per il lettore, che invece d'immaginarsi la storia dal punto di vista di un solo personaggio (cosa che non accade quasi mai nei film) se la immagina come se fosse appunto una pellicola. Anche per questo giocando con tutti gli elementi della storia diventa più facile replicare la suspense, creare un finale particolarmente avvincente o dar vita a situazioni comiche. Sono fattori che complicano molto la stesura di un romanzo in terza persona, ma con cui gli autori professionisti costruiscono i maggiori bestseller.

Non in ultimo luogo, la terza persona è più indicata per le scene di azione. Pensa alle massicce battaglie: osservandole con gli occhi di un solo personaggio si perde il 90% dell'azione. Si resta limitati entro il proprio punto di vista e ci si dimentica di tutto quello che succede all'esterno. Usufruendo della terza persona, invece, è più facile raccontare la battaglia nella sua grandezza. Con ciò non voglio dire che non sia possibile descrivere bene le battaglie usufruendo della prima persona: si può farlo e in passato vari autori famosi hanno adottato questa scelta stilistica. Di base, però, la terza persona si addice meglio alle scene d'azione rispetto alla prima.

Come vedi, la scelta potrebbe essere ardua perché ci sono molti fattori da valutare. Se vuoi capire quale degli stili si addice meglio alle tue esigenze, prova a scrivere il primo capitolo della tua trama sia nella prima persona, sia nella terza. Se sei alle prime armi, vedrai che scrivere in prima persona è più semplice che in terza, ma ricordati che a lungo andare potrebbe diventare una scelta limitante.

A queste possibilità si aggiunge anche un'altra scelta stilistica: usare il "tu", il "noi", il "voi" o "loro". Si tratta di scelte che vengono compiute molto raramente e solo per alcune tipologie di racconti, in cui si cerca d'immedesimare il lettore nella storia rivolgendosi direttamente a lui. Tale possibilità ha i propri vantaggi e svantaggi, ma considera che non viene adoperata praticamente mai dagli autori professionisti, anche perché hanno abbastanza capacità e competenze per raggiungere l'effetto desiderato impiegando la terza persona.

Punti di vista dei personaggi

Indipendentemente dalla scelta che farai, non devi commettere il solito errore di moltissimi novellini: il tuo punto di vista resta quello dell'autore, che sa tutto, mentre il tuo personaggio principale ha una visione limitata solo alla parte della storia che lo riguarda. La stessa cosa riguarda anche gli altri personaggi: loro non possono sapere ciò che pensano gli altri, né automaticamente possono conoscere le azioni fatte dei personaggi in un altro posto. Di base, loro non sanno niente al di fuori di quello che hanno vissuto, ovvero di ciò che hanno sperimentato con il proprio punto di vista. Ognuno di loro ha, quindi, una serie di conoscenze estremamente limitate, che messe tutte insieme non eguagliano le conoscenze dell'autore.

Per non creare confusione, prima di attribuire a un personaggio un pensiero oppure una frase, chiediti se questi abbia le conoscenze necessarie per pensarla o pronunciarla. Devi esserne sicuro, altrimenti creerai un'incongruenza che peggiorerà il tuo testo.

A proposito dei punti di vista devi conoscere anche un altro tecnicismo: raccontando la storia in prima persona singolare sei limitato solo alle sensazioni, emozioni e pensieri del personaggio con gli occhi del quale guardi al mondo. Se parli in terza persona singolare, invece, puoi scegliere se limitare le descrizioni al personaggio principale oppure se espanderle e parlare anche degli altri personaggi, sebbene in misura minore rispetto a quello primario.

Ogni personaggio può descrivere un evento a modo proprio e lo scrittore può usare le differenze tra i loro punti di vista per descrivere le varie scene in modo differente. A questo proposito devi sapere che i personaggi possono avere vari "occhi" per aiutarti nelle descrizioni:

1) La vista dei dettagli, che si concentra sulle particolarità della scena;

2) La vista della memoria, che ti permetterà di riflettere sui dettagli ricordati dai personaggi e quindi di spingerli alle conclusioni che, a loro volta, li motiveranno all'azione;

3) La vista profonda, che cerca i sensi più nascosti e si concentra sulle cose che a prima vista non si vedono;

4) La vista analizzatrice, che osserva le scene senza alcun pregiudizio o emozione;

5) La vista infantile, a cui piace interessarsi di tutto ciò che la circonda e che ama sperimentare con le cose intorno;

6) La vista fantasiosa, alla quale piace fantasticare e immaginare delle scene diverse da quelle osservate;

7) La vista rallentante, che vede le scene quasi come se fossero al rallentatore riuscendo ad analizzare la dinamicità dell'azione e ad agire di conseguenza.

Passo 4: i personaggi e l'ambiente

A questo punto dovresti avere pronte ormai la trama, le sottotrame e dovresti anche aver capito da che punto di vista raccontare la tua storia. Adesso si passa a due fattori importantissimi che ti aiuteranno a personalizzare ulteriormente il tuo libro e far sì che esso si distingua dagli altri: i personaggi e l'ambiente intorno. A una prima vista potrebbero sembrare due aspetti distinti, ma la realtà è che sono perfettamente collegati perché i personaggi agiscono in un dato ambiente, che a propria volta influisce sui personaggi. Difatti, non esistono persone completamente distaccate dall'ambiente intorno, così come non esiste un ambiente che non viene in alcun modo influenzato dai personaggi che vi operano.

Senza correre troppo, andiamo per gradi: cos'è l'ambiente? E cosa sono i personaggi?

L'importanza dell'ambiente

L'ambiente può essere paragonato alla scenografia di un film. È l'epoca, il tempo e lo spazio in cui agiscono i personaggi.

Può essere il Regno Unito dell'epoca vittoriana così come le strade di Roma durante l'età imperiale. L'importante è che la scenografia sia correlata al periodo: se la storia si svolge in Italia nella seconda metà dell'Ottocento, è impossibile che i personaggi usino gli smartphone o i notebook, semplicemente perché tali dispositivi non erano ancora stati inventati. Insomma: l'ambiente dovrebbe essere caratterizzato unicamente dagli oggetti che contraddistinguono l'epoca e lo spazio in cui si svolgono gli eventi.

L'ambiente va migliorato e ampliato esattamente come i personaggi. Questo vuol dire che per renderlo più realistico puoi aggiungervi vari dettagli: per esempio, parlare brevemente degli arredi dell'epoca, tenere a mente che nella seconda metà dell'Ottocento italiano le persone parlavano in maniera diversa rispetto a oggi e ricordarti anche degli importanti eventi storici che hanno preceduto il lasso temporale della tua storia (come l'Unità d'Italia). Tuttavia, se i tuoi personaggi si spostassero nello spazio, ma non nell'epoca, l'ambiente dovrebbe comunque cambiare: pensare che in Germania o nel Regno Unito ci fossero gli stessi mobili che in Italia è errato, motivo per cui devi svolgere anche un profondo lavoro di ricerca per capire quali usanze esistevano nel Regno Unito e in Italia, quali differenze di arredi c'erano, quali diversi modi di esprimersi venivano adoperati e così via. Ugualmente dovresti considerare anche le differenze ambientali e di paesaggio.

Si tratta, quindi, di un'importante opera di contestualizzazione che ti permetterà di arricchire l'ambiente rendendolo più realistico. Non sottovalutare questo lavoro, giacché definendo l'ambiente renderai più completa l'opera.

Adesso potresti protestare dicendo che vuoi scrivere un fantasy e che per gli ambienti liberamente inventati non serve fare alcuna ricerca. Da un certo punto di vista avresti ragione, poiché in un ambiente immaginario, che non si riferisce al mondo reale, ci potrebbero essere tantissime varietà di ambienti. Tuttavia, ricordarti che l'ambiente realizzato dovrebbe essere congruente con sé stesso: se hai un castello in un cui una stanza ci sono mobili antichi, grandi tavoli di legno, molta polvere, un camino con il fuoco e in generale prevale uno stile rustico-antico, nella stanza vicina non può essere allestita in uno stile futuristico e Hi-Tech... a meno che la cosa non abbia una spiegazione logica e plausibile. L'ambiente deve contribuire a dar vita a una certa atmosfera ed è ovvio che se ci fossero tante incongruenze, non riusciresti a ricreare l'atmosfera desiderata. Di contro, però, dovresti essere fantasioso e non iniziare a elencare, uno dopo l'altro, i dettagli tipici dell'ambiente, poiché appesantiresti la lettura rendendola simile a una qualsiasi opera di Honoré de Balzac... con la sola differenza che lui viveva in un'altra epoca e che allora era giustifica la sua tendenza di fare lunghissime descrizioni dell'ambiente.

Allo stesso modo, dovresti evitare i soliti cliché, ovvero i modi di dire troppo usati: "pioveva a dirotto", "la fitta nebbia", "la grigia routine", "l'oscura quotidianità" e così via. Il tuo compito in quanto scrittore è d'inventare nuove espressioni per i soliti concetti. Devi essere originale affinché leggendo ciò che scrivi sia chiaro che nessun altro ha mai usato delle simili espressioni, nate solo nella tua mente.

La caratterizzazione dei personaggi

I personaggi sono il motore della trama e danno linfa vitale alla storia, motivo per cui quelli poco caratterizzati saranno noiosi da leggere e il libro non sarà interessante. Questo perché sono la "vita" del tuo libro: il lettore si immedesima nei personaggi e tende a rivivere le loro avventure sulla propria pelle. Pertanto, se i personaggi non fossero davvero "vivi" o se non vivessero delle avventure straordinarie, il lettore probabilmente abbandonerebbe la lettura. Lo stesso accadrebbe se non riuscissi a differenziare i personaggi dando a tutti un proprio carattere, con un modo di agire, di parlare e di pensare del tutto diverso. Noi siamo tutti umani e siamo diversi... per qual motivo non dovrebbero esserlo anche i personaggi? Esistono persone a cui piace mangiare il gelato alla fragola, quelle che preferiscono il gelato al cioccolato e coloro che non mangiano affatto il gelato, perché magari soffrono di diabete. Siamo tutti umani ed estremamente differenti. Ciò che piace ad alcuni, non piace ad altri. In aggiunta, non è solo una questione di quello che piace o no, ma dei modi di parlare, di comportarsi, di pensare e di fare. A ciò si aggiungono anche numerosi altri fattori, come quelli relativi alla cultura: persone appartenenti a etnie diverse si comportano differentemente, com'è logico che sia.

Per dirla brevemente, sono tutti quei fattori che bisogna considerare quando si cerca di costruire un personaggio. La sua età, per esempio, influirà sul suo modo di fare. Le sue esperienze passate influiranno sul presente: per esempio una persona che si è scottata con il fuoco ne avrà paura per il futuro e un personaggio la cui casa è stata derubata in passato potrebbe prestare una maggiore attenzione alle misure di sicurezza.

Si tratta di esempi utili per capire come caratterizzare un personaggio a 360° e differenziarli tutti gli uni dagli altri.

Come creare l'ambiente?

Passiamo ora al sodo: cosa fare per creare l'ambiente?

In primo luogo devi decidere in quale epoca e luogo avvengono le avventure. Fatto questo, cerca di scoprire quanti più dettagli possibile dell'età storica e del relativo spazio:

edifici, oggetti, arredi, indumenti e quant'altro. Suddividi gli articoli in varie categorie come indicato nella riga sopra: tutto ciò che avrai trovato contribuirà a caratterizzare l'ambiente. Tuttavia, non devi subito gettare nel testo ogni cosa, bensì calibrare gli elementi a disposizione lungo il romanzo. In alcune parti puoi farne vedere di più, mentre in altre non metterne affatto. Alcuni elementi possono, ovviamente, ripetersi, ma di base non dovresti abusare di troppe ripetizioni: se in un episodio un personaggio veste un indumento tipico per una certa epoca e per un ambiente particolare è difficile che egli vesta lo stesso abito anche in un altro episodio, a meno che egli non vesta sempre gli stessi indumenti.

Il tuo obiettivo è rendere l'ambientazione quanto più possibile ampia e variegata inserendoci molti elementi che contribuiscono ad aiutare il lettore a immaginare la scena dove si svolge l'azione. L'importante è ricordarsi che anche in una stessa epoca ci sono diversi stili, diversi ambienti, diversi Paesi e che tutto ciò può aiutarti ad approfondire l'opera. Allo stesso modo dovresti anche fare un lavoro di controllo, perché scrivendo può capitare d'inserire nel testo oggetti incongruenti con l'epoca descritta. Per esempio, se il tuo racconto si svolgesse nel 1890, non vi potrebbe essere inserita la radio, che venne brevettata unicamente 1897. Di più: passarono molti anni prima che la radio fosse di uso comune, motivo per cui difficilmente una famiglia del ceto medio avrebbe potuto usarla senza problemi già nel 1900, sempre a meno di eventi/spiegazioni particolari.

Se, invece, stai scrivendo un fantasy è importante che tu sappia ogni cosa del mondo immaginario che hai creato. Nel testo non ci devono essere contraddizioni di sorta, poiché renderebbero la storia poco veritiera e porterebbero il lettore ad allontanarsi dalla lettura. Il genere è già fantasioso, ma ci devono essere delle regole nella tua fantasia, altrimenti sarà solo un'opera poco credibile.

Consigli per la creazione dei personaggi

Esattamente come accade per l'ambiente, è importante che tu sia in grado di differenziare profondamente i personaggi costruendoli tutti con caratteristiche diverse.

In primo luogo, poniti una domanda: quali saranno i personaggi più importanti per la tua storia? Prendi un foglio, disegna un cerchio e inserisci i nomi più importanti. Poi chiediti chi accompagnerà i personaggi principali e fai la stessa cosa. Così facendo creerai vari gruppi di personaggi, distinti in base alla loro importanza.

Successivamente cerca di caratterizzare il personaggio principale, attribuendogli delle caratteristiche peculiari sia fisiche che psicologiche: il colore dei capelli, degli occhi, la presenza degli nei, l'altezza, la statura e così via. Poni una maggiore attenzione alla descrizione psicologica, poiché l'aspetto fisico resta comunque una "confezione", mentre il personaggio è caratterizzato maggiormente dalla sua psicologia. Preferibilmente inventa una storia per ogni personaggio per dargli un passato. Se i personaggi non avessero un passato ricco di avventure o di eventi particolari dovresti scrivere semplicemente che ha vissuto in una cittadina qualsiasi con la mamma e il papà. Va bene comunque. Del resto capita spesso di trovare romanzi narranti di una persona normalmente vissuta per tanti anni, prima che accadesse un particolare evento dopo il quale tutta la sua esistenza era cambiata. Approfondirai la sua storia successivamente. L'importante è che tu, autore, sappia i dettagli importanti ai fini della trama, motivo per cui è comunque importante preparare una scheda per ogni personaggio e inserirci tutti gli elementi degni di attenzione.

Sapevi che alcuni autori, prima di scrivere il romanzo, realizzano una completa biografia per ogni personaggio? Un lavoro lungo e faticoso, ma utile in qualità di approfondimento che ti servirà per conoscere meglio coloro di cui parli e renderli più veri. La biografia del personaggio, poi, influirà sul suo modo di parlare o di comportarsi rendendolo diverso dagli altri: un particolare episodio sarà ricordato spesso anche nei dialoghi e il personaggio potrebbe riferirsi allo stesso durante la presa delle decisioni più importanti.

In pratica, il personaggio va inteso come l'insieme delle sue esperienze passate e presenti, compresa l'interazione con gli altri personaggi.

Devi far sì che siano tutti diversi e che durante la lettura del testo il lettore lo possa percepire. Devi far sì che non ci sia nemmeno un personaggio principale o secondario che sia simile ad altri. Ovviamente non è possibile farlo proprio per tutti i personaggi, anche perché ci sono comunque persone che si assomigliano, ma di base più riuscirai a renderli differenti e più spessore avrà il tuo testo.

I personaggi principali devono essere mossi da motivazioni forti e farsi domande importanti a cui cercano delle risposte. Tali quesiti devono, a loro volta, muovere la trama, ma non devi dare delle risposte dirette o semplici, bensì mostrarle in tutte le loro sfumature per mezzo degli episodi, dell'azione, del movimento. La bravura dello scrittore è quella di mostrare le profonde risposte alle domande esistenziali senza far capire al lettore che si tratta di una risposta.

Inoltre, la regola basilare per creare dei personaggi efficaci, caratterizzati e ben descritti è dar loro dei precisi obiettivi. Ogni persona della tua opera deve volere qualcosa in ogni singola scena, anche un bicchiere d'acqua. Se questo desiderio fosse assente, faresti meglio a trovarlo o, in alternativa, cancellare la scena oppure il personaggio che vi si muove senza alcuna meta.

Il personaggio principale

Devi curare tutti i personaggi, ma quello principale occuperà sempre un posto privilegiato e il motivo è semplice: si troverà maggiormente al centro dell'attenzione e quindi anche dell'immaginazione del lettore. Pertanto, è anche la parte più importante: devi conoscere tutto di lui, devi chiarire qual è il suo conflitto, cosa lo spinge ad agire e, soprattutto, devi capire in che modo il personaggio cambierà durante l'evoluzione della storia. Di base, la tua descrizione del personaggio può essere limitata a una frase principale: cosa egli è pronto a sacrificare pur di raggiungere la sua meta?

Se è vero che tutti i personaggi devono voler qualcosa affinché la trama si muova (può essere un oggetto di raro valore così come semplicemente un biscotto), è anche vero che i desideri del personaggio principale dovrebbero essere diversi, speciali, quasi straordinari. Ciò non significa che il tuo personaggio principale debba avere solo desideri particolari, ma che tu debba renderli speciali. Per esempio, anche trovare un medicinale per salvare un proprio parente potrebbe essere un desiderio particolare, così come immolarsi per salvare il mondo. La particolarità non sta tanto nell'idea in sé, quanto nel tuo modo di raccontarla e nelle avventure che il personaggio vive pur di ottenere quello che vuole.

Passo 5: scelta del linguaggio e dello stile

Adesso potresti pensare che hai preparato tutto: i personaggi, l'ambiente, la trama, i filoni secondari e c'è persino una voce narrante. Tuttavia, manca ancora la parte più importante, quella che spesso rappresenta il fattore che porta i lettori a innamorarsi dell'opera: parlo del tuo stile e del linguaggio usato. Sono due fattori collegati al punto di vista del personaggio principale del capitolo e non è da ignorare, poiché la giusta scelta ti aiuterà a trasportare il lettore nell'avventura.

Per quanto concerne lo stile, deve essere particolarmente semplice e chiaro, perché se cercassi di rendere i tuoi racconti troppo complessi da leggere... probabilmente lo leggeranno solo pochi interessati. Di contro, se riuscirai a creare un testo semplice, chiaro, ben definito e anche divertente, vedrai che la tua opera ne avrà solo da guadagnare. Certo, potresti protestare dicendo che esistono molti autori i cui testi sono caratterizzati da uno stile abbastanza ostico e avresti ragione, ma pensaci: tu, in quanto lettore, cosa preferisci leggere? Libri semplici? O quelli con uno stile pesante e complesso?

Ovviamente lo stile "accademico", pesante, può essere giustificato in alcuni casi, ma nella maggior parte dei libri di narrativa è inadatto. Era una scelta mirata in passato, quando le condizioni dei lettori erano diverse, ma oggi, se si vuole entrare a far parte del mondo letterario, occorre curare la semplicità e la brevità dello stile.

A questo punto, potresti farti una domanda:

"Ma come posso rendere più semplice il mio stile?"

Scrivendo e leggendo, ovviamente, oltre che imparando a usare bene la punteggiatura.

Inizia con il rileggere le frasi che scrivi e cerca di accorciarle: il segreto di uno stile perspicace sta proprio nella cortezza. Cerca, però, di non fraintendere quanto scritto: non devi trasformare il testo in una specie di telegramma fatto di frasi da 3 parole ognuna, ma variare la lunghezza delle frasi cercando di far sì che siano diverse e contestualizzate. La fine della frase A porta all'inizio della frase B e quest'ultima dà vita alla frase C. Così facendo creerai un testo in cui tutte le frasi sono unite.

I parametri dello stile

Pensare che lo stile sia dato unicamente dalla lunghezza delle frasi è banale e superfluo, perché viene caratterizzato anche da tantissimi altri elementi. Tra questi spicca la giusta scelta delle parole, le similitudini usate, la ricerca dell'originalità, l'uso degli strumenti narrativi (come le metafore o le allegorie) e anche la già citata punteggiatura. Viene da sé che quando saprai usare bene tutti questi elementi, creerai un testo molto bello da leggere. D'altro canto, puoi anche rovinarlo utilizzando male l'ortografia, la grammatica, la punteggiatura o la sintassi. Concentrati soprattutto su quest'ultima, in quanto determina la correttezza di costruzione delle frasi. Se fosse errata e se i paragrafi del tuo libro fossero costruiti male, il lettore otterrebbe dalla lettura il piacere?

La domanda è retorica.

Alla necessità di curare lo stile si collega anche l'obbligo di parlare solo di un tema a volta. Non devi divagare, il che è importante perché tirando in mezzo al testo troppi approfondimenti o varie storie aggiuntive non fai altro che aggiungere altre cose che il lettore deve capire per poterlo immaginare e, ovviamente, è più semplice farlo solo con un tema che con 4.

Accenni stilistici

Curare lo stile significa mettere le parole al loro posto.

La stessa cosa vale anche per la composizione, per le scene che si mostrano: affinché il testo sia di qualità, lo stile dev'essere incentrato sulla tensione, sull'energia, sul nervosismo, sulla sofferenza.

Lo stile, quindi, è il modo in cui scrivi, senza troppe cose inutili nel testo, ma concentrandoti sulle cose maggiormente essenziali, come lo sono proprio lo stile e la struttura del testo. Ricordati, che le grandi idee che potresti provare a trasmettere non sono che una goccia nell'oceano, specialmente se paragonate a tutte le idee che sono state messe nero su bianco in passato. Concentrati maggiormente sulla struttura, usa le parole che creano l'atmosfera ed evita i vari errori stilistici che appesantiscono la lettura.

Quali?

In primo luogo, le tautologie, ovvero le ripetizioni. A meno che tu non lo voglia fare apposta, utilizza sempre parole diverse, usufruisci dei vari sinonimi. Rendi ricca la tua scrittura. Sperimenta con le frasi e cerca di costruirle in modi diversi. Usa le parole che creano il conflitto, che danno vita alla tensione e ricordati sempre degli istinti basilari che regolano la vita dell'essere umano: la paura, l'amore, la voglia di sesso, il terrore, la necessità di sopravvivenza. Usa i termini che richiamano alla mente queste sensazioni. Tutto il resto lo farà il lettore stesso lasciandosi trasportare dalla propria mente e facendo un tuffo nella narrativa che gli hai posto dinnanzi.

Usa lo stile semplice, per spiegare le cose come se le spiegassi a un bambino, evitando gli errori più diffusi, come l'utilizzo di "che... che..." in un solo periodo. Puoi usare anche le parole più raffinate, se lo vuoi, ma chiediti se sia proprio necessario. Utilizzale in qualità di sinonimo, ma non esagerare. La meta del libro è di descrivere gli eventi, non di mostrare quanto è grandissimo il tuo vocabolario. Perché il lettore deve capire di cosa parli senza dover prendere il dizionario e cercare il significato delle parole che usi.

Un'altra prerogativa dello stile è aiutare il lettore a immaginare gli eventi e i personaggi. Non a caso lo stile sta allo scrittore come i colori a olio stanno al pittore: è una risorsa che userai per raggiungere i tuoi fini.

Non allungare il testo

Qui entriamo nel campo della qualità contro la quantità. Cosa è meglio: un testo lungo e scritto male, oppure un testo breve, ma ben fatto e coinvolgente?

Il successo dello scrittore non dipende dalla quantità dei testi realizzati, bensì dalla qualità di ciò che scrive e dall'interesse del lettore verso il testo scritto. Quanto detto è importante da comprendere soprattutto per gli scrittori novellini, che dopo aver scritto 200 pagine di un testo fatto male si presentano dall'editore sventolando i fogli, al che sentono la stessa risposta di sempre:

"200 fogli scritti male non saranno mai pubblicati, mentre 1 foglio, ma scritto bene, ha molte più possibilità di vedere il mondo".

Il tuo obiettivo è di puntare alla perfezione del testo, al suo continuo miglioramento. Lascia perdere il conteggio delle parole o delle pagine, ma concentrati unicamente sulla qualità del tuo stile. Curalo sino ai minimi dettagli. Fai il necessario affinché sia facile da leggere. Se serve, taglia le parti del testo che ti sembrano troppo difficili o ardue.

Allungandolo con frasi inutili non lo renderai migliore, ma lo trasformerai solo in un'opera più lunga che, in fin dei conti, non sarà utile a nessuno e piacerà a pochi appassionati agli stili narrativi noiosi e/o complessi.

Prendendo il libro di un novellino, un editore esperto potrà senza troppi problemi buttarne almeno la metà, in quanto inutile.

Vuoi un esempio?

"Lily piangeva come una matta. Lei era molto triste."

Il secondo periodo è conseguente al primo. Il lettore lo necessita davvero? No, perché se Lily piangeva significa che era triste, non c'è bisogno di spiegarlo al lettore: egli non è stupido. Erano lacrime di gioia? Allora bisognava specificarlo nel primo periodo.

Inoltre non c'è alcun bisogno di descrivere nei dettagli il naso del tuo eroe, né la sua fisionomia generale. Invece delle lunghissime descrizioni, scrivi:

"il suo naso era simile a quello di un maiale, piatto e rotondo".

Come perfezionare lo stile?

Se vuoi migliorare il tuo modo di scrivere ancor prima d'iniziare la tua opera letteraria, potresti pensare ai vari modi utili per farlo. Uno di questi è la tua capacità di scrivere una scena adoperando uno stile semplice, ma descrivendola in 4-5 modi diversi. Così facendo sperimenterai con lo stile, vedrai cosa ti viene meglio, capirai in che modo descrivere lo stesso episodio in modi molto differenti. Non solo: è un esercizio che ti aiuterà a capire in che modo lavorare con la voce narrante, perfezionandola man-mano che scriverai il libro.

Il lato debole di questa metodologia è la necessità di consumare tantissimo tempo per scrivere le scene in modo diverso, perché dovrai pensarle differentemente, descrivere in vari modi l'introduzione, il corpo principale del capitolo e la sua fine. Per farlo occorre impiegare almeno 2-3 ore come minimo per ogni capitolo... Però, se è una cosa che ti piace davvero, allora perché non provarci? Allo stesso modo potresti variare anche il punto di vista narrativo.

Ricordati che il primo tentativo è quasi sempre quello peggiore, motivo per cui viene spesso cestinato giacché perché lo scrittore deve trovare un buon "grip" per scrivere ciò che desidera. Egli si siede davanti al foglio e inizialmente non riesce a buttare giù alcuna riga. Resta bloccato, ma si sblocca scrivendo. Pertanto, affinché i tuoi 4-5 tentativi siano comunque di successo, potresti preoccuparti di tagliare sempre il primo paragrafo o due. Pensa che così potresti anche trovare un'introduzione molto più bella ed efficace rispetto al solito.

La regola più importante, però, è la necessità di guardare al testo con gli occhi del lettore e capire cosa potrebbe annoiarlo e cosa no. Dagli quello che cerca. Accelera le parti più noiose, affinché scorrano più velocemente, ma rallenta quelle più interessanti per i lettori, come le scene di azione.

La scelta delle parole

Diversificando i termini, usando quelli più azzeccati nelle diverse parti del testo, applicando un certo criterio alla scelta delle parole avrai la possibilità di perfezionare il tuo libro. Ricordati, che l'unità minima che compone il testo è proprio la parola: il suo potere può trasformare una storia interessante in un testo banale, così come "decorare" una storia senza potenziale. Spesso, invece, si vedono autori alle prime armi usare le parole in maniera molto caotica, senza alcun criterio.

"Tanto vanno comunque bene!" - pensano loro dando vita a numerose ripetizioni, usando termini che non danno bene l'idea del loro senso e così via.

Come migliorare la situazione? Allenandosi a usare termini diversi, più corti rispetto a quelli più lunghi, più efficaci rispetto a quelli più generici. Pensa all'abitudine: se ti abituerai a usare sempre un determinato tipo di parola, la userai indiscretamente, non rifletterai mai sul possibile utilizzo dei sinonimi e la tua scrittura diventerà monotona. Non riuscirai mai ad approfondire le varie sfumature dei termini e resterai "incastrato" nei soliti problemi di tantissimi novellini.

Chiediti cosa fanno gli scrittori più bravi: usano sempre le stesse parole o le variano? Hanno un dizionario estremamente ampio e variegato. La loro conoscenza permette di creare giri di parole originali, di dar vita a formulazioni innovative e di usare le parole come un artista usa il pennello: inventando.

Se non hai un vocabolario ricco, non ti preoccupare: ci sono diversi modi per rimediare alla situazione, ma dovrai impegnarti. Per esempio, potresti prendere un dizionario d'italiano e ogni giorno trascrivere in un apposito quaderno 10 o 20 parole del tutto nuove per te, memorizzando il loro significato. Inoltre, puoi anche segnarti le parole strane che trovi nei libri. Basta leggere autori con uno stile particolarmente raffinato, che tendono a usare numerosi termini dal significato particolare. Trovando le parole nuove trascrivile nel tuo quaderno e ricordati del loro significato: potrai usarle successivamente. Tuttavia, continua ugualmente a usare uno stile semplice ricordandoti di quanto ho detto prima: leggendo un libro il lettore non deve aver bisogno del dizionario.

A questi consigli si aggiungono anche quelli più generici: non usare i tecnicismi, se non c'è n'è bisogno, preferisci le parole di semplice lettura e comprensione, pur variando con i sinonimi, rileggi il testo alla fine della scrittura chiedendoti se le varie parole sono state usate in modo preciso. Se vedi che ci sono delle incongruenze tra i termini utilizzati e il senso che vuoi trasmettere, non esitare a sostituire il necessario. Ricordati che le parole adoperate la prima volta sono quasi sempre sbagliate e ce ne sono sicuramente altre, più precise e meglio adatte. All'inizio ti sarà difficile scegliere la terminologia, ma con il tempo ti abituerai e diventerà quasi automatico. Sarai un maestro della parola.

Vuoi un esempio di una migliore scelta delle parole?

"Marco camminava lentamente" Vs "Marco a fatica trascinava le gambe"

Qual è la frase più intensa? Quale dà maggiormente l'idea della stanchezza di Marco? Qual è la più originale?

Ovviamente la seconda.

Ricorda: la differenza tra la giusta parola e la "quasi" giusta è la stessa che intercorre tra un fulmine e una lucciola. E ricorda anche che non c'è il bisogno di usare 2 parole se ne puoi utilizzare 1:

"Era molto grande" Vs "Era immensa".

L'importanza del ritmo

Cosa ti viene in mente se ti dico: "5-11-2-9-7-12-4"?

Potresti pensare che si tratta di un particolare codice che dovrebbe decifrare qualcosa e ti risponderei che hai ragione: ogni numero rappresenta il numero di parole di cui si compone una frase: 5 parole, 11 parole, 2 e così via. Sto parlando del ritmo che caratterizza il tuo stile, ma c'è da fare una precisazione: le parole possono avere una lunghezza diversa, motivo per cui alcuni scrittori contano le sillabe che compongono la frase, come nelle strutture poetiche. Si tratta di un modo più utile e preciso di calcolare il ritmo delle frasi. Quelle che includono moltissime sillabe hanno una maggiore difficoltà di lettura ed esistono delle parole più difficili da leggere rispetto ad altre, anche a parità di sillabe. Basti pensare alle parole di derivazione straniera, specialmente quelle più lunghe. Tenendo a mente questo fattore, pensa a un particolare ritmo per la tua opera. Varialo. Rendi alcune frasi più lunghe e alcune più brevi. Pensa al tuo testo come a una composizione musicale: lento-veloce-moltolento-piùveloce-medio-moltoveloce-più veloce e così via.

Si tratta di un approccio non utilizzato in modo massiccio, che ti potrebbe servire per capire in che modo strutturare le frasi e accelerare la lettura, ricordandoti che le frasi brevi vanno preferite rispetto a quelle lunghe, ma che non bisogna in alcun modo abusarne.

Non confondere il ritmo del tuo stile, ovvero della velocità di lettura, con il ritmo narrativo, ovvero della velocità con cui narri la trama. Esistono momenti in cui è meglio rallentare la velocità narrativa e quella di lettura, per esempio nei momenti di suspense, e quelli in cui dovresti velocizzare l'approccio. Ci sono episodi che il lettore vorrebbe apprezzare maggiormente e quelli che vorrebbe finissero presto. Per capire quali sono e su cosa accentuare fai leggere il paragrafo a 3 amici: saranno loro a farti capire quali sono gli episodi più interessanti e quali quelli più noiosi.

Passo 6: è l'ora di mettersi a scrivere

Finalmente tutti i dettagli sono pronti e non ti resta che partire. Puoi farlo in due modi diversi: prendere un quaderno e iniziare a scriverci con una penna oppure usare un laptop. Al di là di quello che si dice, entrambi i metodi sono validi. Gli scrittori più anziani preferiscono il primo, perché più abituati a scrivere di mano, mentre quelli più giovani realizzano i libri direttamente su un notebook. Ovviamente, nel primo caso dovrai consumare più tempo per trascrivere in formato elettronico ciò che hai scritto sul foglio, ma d'altronde è anche un utile esercizio per individuare gli errori, capire quali sono le parti meno scorrevoli e migliorare il testo. La cosa importante è la facilità con cui potrai reperirlo per rileggerlo spesso, perché più riletture farai e più lo perfezionerai. Da questo punto di vista è sicuramente da preferire il secondo metodo, a meno che tu non voglia portare il quadernino sempre con te.

Man-mano che scriverai il testo, ricordarti di rileggerlo costantemente per uniformarlo. Se non sei pratico con la scrittura, vedrai che alcuni tuoi paragrafi verranno in un modo, mentre gli altri avranno un tono di voce diverso. Il testo, inizialmente, non sembrerà davvero uniforme nello stile, il che creerà una forte disarmonia di lettura. Proprio per evitarlo devi procedere per gradi: dopo aver scritto un paragrafo rileggilo e quindi scrivi il secondo. Fatto questo, rileggili entrambi e scrivi il terzo. Puoi procedere così scrivendo tutto il capitolo oppure realizzarlo di getto. L'importante è che alla fine della scrittura tu rilegga spesso quel capitolo, non solo perché il secondo capitolo dovrà essere stilisticamente simile, ma anche per migliorarlo.

L'importanza di strutturare il tempo

Affinché tu percepisca la scrittura come un vero e proprio lavoro ancor prima che un modo utile per trascorrere il tempo libero è necessario ritagliare del tempo per mettersi all'opera. Deve diventare la tua occupazione ogni giorno, quel genere di lavoro che ami, che ti appassiona, ma che richiede un approccio disciplinato. Non a caso esistono diversi scrittori famosi in tutto il mondo che affermano la necessità di scrivere proprio tutti i giorni, senza alcuna distinzione di feriali o festivi. Non devi scrivere tanto: bastano 700 parole ogni giorno per creare, nell'arco di un anno, un romanzo ricco di dettagli, approfondito e stilisticamente bello. Non si tratta comunque di una regola ferrea, ma semplicemente di un piccolo suggerimento utile per aiutarti a capire in che modo scrivere la tua opera. Volendo potresti anche consumare 2 ore di tempo, ogni giorno, per scrivere, così come potresti un giorno scrivere per 8 ore di fila e per 4 giorni non scrivere nulla (anche se tenderei a non consigliarti questa metodologia).

Nella letteratura, difatti, è importante la continuità d'intenti. È importante che tu scriva ogni giorno, sempre, per abituarti all'idea di realizzare i testi, ma si tratta di un approccio che puoi personalizzare a seconda di quelle che sono le tue necessità: è ovvio che se lavori molto e non hai tanto tempo libero per scrivere, non potrai farlo sempre e dedicare tante ore alla scrittura, ma puoi comunque ritagliare 1 oretta per buttare sul foglio quelle 700 parole di cui prima (nota che il numero è totalmente indicativo).

Perché lo dico?

Perché una delle maggiori scuse dei novellini che non riescono a mostrare al mondo la propria geniale opera è da sempre la stessa: "mi manca il tempo". Scavando un po' più a fondo, però, si scopre che non è il tempo a mancare, bensì la volontà. Forse, sotto-sotto non ti piace davvero scrivere e il tuo desiderio è semplicemente legato a qualcos'altro.

Il rituale della scrittura

Esistono diversi autori che hanno bisogno di svolgere delle procedure speciali prima di mettersi a scrivere. Qualcuno, per esempio, cerca d'isolarsi completamente da qualsiasi rumore, altri cercano la passione nella scrittura notturna, affermando che scrivere di notte sia meglio perché c'è un maggiore silenzio. Stando alla mia esperienza, nel rituale della scrittura sono importanti due cose: il silenzio (inteso come il non essere disturbati) e l'ispirazione al lavoro (inteso come la voglia di scrivere). Potresti avere molta volontà di metterti davanti a un foglio per dar vita al testo, ma essere costantemente distratto: le notifiche su Facebook, il cellulare che squilla, il vicino che rumoreggia nella stanza di sopra e poi magari c'è anche qualcuno che fa casino sulla strada. Pochi secondi ed ecco che perdi il filo della geniale idea che avevi nella mente. Perdi la calma, finisci per arrabbiarti, lo stato emotivo necessario per scrivere scivola tra le due dita come se fosse sabbia e non riesci più a buttare sul foglio nemmeno 2 righe. Proprio per evitare che ciò accada è necessario uno stato di completa tranquillità.

Allo stesso modo non puoi lavorare... se non vuoi farlo. A tutti capita di avere poco desiderio di fare qualcosa: è una normale reazione della nostra psiche dinnanzi a un lavoro che ci sembra troppo faticoso oppure che ci limita. Per esempio, se facessimo qualcosa per molte ore al giorno per una settimana, ci stancheremmo di farlo. Vorremmo fare qualcos'altro e la sola idea di dover ritornare al solito posto a svolgere l'attività che non ci piace, ci irrita. Proprio per questo è importante saper "dosare" un'attività come la scrittura: se ci lanciassimo a capofitto nella stessa, ci "bruceremmo". La troppa scrittura ci repellerebbe e non vorremmo scrivere ancora. Certo, esistono scrittori che riescono a scrivere per tutto il giorno senza fermarsi mai, ma nella maggior parte dei casi si tratta di eccezioni, perché la scrittura piace e ispira quando è poca.

Pertanto, se non avessi voglia di scrivere nulla... allora non scrivere, perché facendo un lavoro che non vuoi realmente fare non otterrai alcun risultato. Per ritrovare l'ispirazione non ti resta che metterti all'opera oppure aspettare qualche giorno. Vedrai che dopo un po' percepirai nuovamente lo stesso desiderio di dar vita al tuo romanzo. Mettendoti dinnanzi al foglio avrai nuovamente molte idee e vorrai farle uscire dalla tua mente trasformandole in righe.

Non devi avere fretta, perché rischi di raccontare le tue idee in maniera superficiale e banale. Ricordati che nel campo della letteratura la cosa che viene maggiormente apprezzata è soprattutto la profondità: se scriverai tutto di getto, senza approfondire nulla, senza creare dei bei personaggi e illustrare le storie in maniera divertente, difficilmente il tuo libro sarà davvero apprezzato. Pertanto invece di scrivere tutto il tuo libro in una sola serata, dedicaci un anno o più. Rifletti sui personaggi. Pensa a ciò che potresti cambiare. Intuisci cosa va male ed evita i cliché. Più ci rifletti e più spessore sarai in grado di dare al tuo testo. In ultimo luogo ne beneficeranno tutti, da te stesso al lettore.

Una volta rispettate le due condizioni, - il silenzio e la voglia, - il tuo lavoro andrà meglio... se non si presenterà un problema comune a molti scrittori.

Superare il blocco

Esistono tantissime persone che si siedono dinnanzi a un foglio vuoto e ne hanno paura. Ogni parola che viene gli sembra troppo superflua e banale. Credono che occorra scrivere solo in maniera brillante oppure non farlo affatto. In ultima istanza, costoro si bloccano perché le loro capacità non sono alla stessa altezza delle aspettative. Spesso si pensa che sia una questione legata alla propria ispirazione, ma non è così: si prova anche una forte sensazione di smarrimento. Non riuscendo a creare l'introduzione a effetto che così tanto desideriamo, non creiamo niente affatto.

La frustrazione è sempre dietro l'angolo, le nuove idee mancano e ogni singola riga viene letteralmente partorita. La buona notizia è che superare il blocco dello scrittore non è affatto così difficile come potrebbe sembrare. Basta ritrovare la fluidità della scrittura, capire che la perfezione è un concetto irraggiungibile e che, volendolo, si potrebbero trovare degli errori anche nei testi degli autori più famosi. Questo perché la scrittura non rientra soltanto nel reame della creatività, ma soprattutto in quello del rigido metodo e della ferrea disciplina. Guardando allo scritto per quel che è veramente, ovvero un processo mentale che stimola, ma che richiede molto tempo, si capisce anche che avere paura del foglio vuoto è un po' come entrare in palestra e avere paura di alzare i pesi. Se provassi incertezza, scapperesti. Oppure potresti lottare con quest'emozione e metterti in gioco, il che è ciò che fa la maggior parte degli scrittori. Allo stesso modo non dovresti avere paura di essere giudicato dagli altri. Lascia, invece, che gli altri ti indichino i tuoi errori, che ti mostrino gli sbagli fatti e ti permettano di capire come scrivere meglio.

Ovviamente, non devi smettere tutto d'un tratto di essere autocritico, anche perché la critica è quel fattore che ti permetterà di migliorare costantemente. Ti porterà a confrontare il tuo lavoro con quello degli autori più famosi. In alcuni casi penserai che il tuo sia migliore, ma a essere onesti, almeno all'inizio è difficile che la tua scrittura riesca a superare quella di autori più affermati e famosi a livello nazionale. Pertanto sì, va bene confrontarti con quelli più bravi di te, ma allo stesso modo non dovresti esagerare con il confronto, poiché tu sei all'inizio della tua strada, mentre loro ne hanno già percorsa davvero molta.

Altresì, per diminuire il rischio che sorga il blocco dello scrittore oppure per combattere contro quello che si è già manifestato, potresti mettere in atto alcuni consigli.

Per esempio, oltre a scrivere ogni giorno per dare al tuo lavoro una continuità, potresti allenarti facendo esercizio fisico (in quanto aumenta la creatività), fissarti dei piccoli obiettivi (per esempio scrivere un paragrafo che reputerai ideale), avere una precisa strategia di scrittura, così come scrivere soltanto di un particolare argomento, specialmente se sei sicuro di conoscerlo alla perfezione. Nel caso il problema persistesse, potresti impiegare anche altre soluzioni: creare un piano editoriale costringendoti, letteralmente, a scrivere un certo numero di parole in una settimana o in 10 giorni. Così facendo saprai già cosa ti aspetta, durante la giornata rifletterai più attentamente su quello che vuoi scrivere e, alla fine dei conti, la tua paura del foglio vuoto verrà meno.

A questi suggerimenti se ne può aggiungere anche un altro, sicuramente molto importante: puoi partire da una sola idea invece che averne troppe. Secondo te lavorerebbe meglio un operatore che dovrebbe fare solo una cosa e pensare a un'attività oppure lavorerebbe meglio colui che in mente ha 100 idee?.. Tale consiglio si riferisce a quello della necessità di non dover avere fretta. Se partirai da un concetto e narrerai una scena a volta, ti sarà più facile trovare le giuste espressioni e la scrittura stessa diventerà non solo più piacevole, ma anche più semplice.

Se nessuno dei suggerimenti qui sopra ti aiutasse, potresti adottare misure più drastiche, come cambiare l'orario di scrittura. Forse sei abituato a scrivere di notte, ma capendo che si tratta di una fascia oraria che non fa al caso tuo, potresti modificare quest'abitudine. Invece di metterti al lavoro al calare delle tenebre, potresti provare a esercitare la tua passione di mattina presto oppure dopo il pranzo. Sperimenta, vedi cosa ti è più affine e sconvolgi la tua routine. Il blocco dello scrittore è dovuto a precisi fattori emotivi che non permettono alle persone di ritrovare la volontà di scrivere. Certo, si tratta di una piccola rivoluzione, ma è in grado di dare dei grandi frutti, specialmente se usata in maniera intelligente.

Quanto detto vale non solo per l'orario di scrittura, ma anche per quanto concerne la location. Se non riesci proprio a scrivere in cucina, prova a farlo nel salotto o nella tua stanza da letto. Puoi anche andare a scrivere costantemente in un caffè o in un bar... l'importante è che tu scriva e che l'ambiente intorno ti dia i giusti stimoli. Pensa che alcuni scrittori non riescono a scrivere stando seduti a casa propria, ma hanno bisogno di andare in un coworking, poiché lo associano con un luogo in cui si lavora. Potresti anche variare il metodo di scrittura: passare dalla carta e penna al laptop o viceversa.

Infine, perché non fare gli esercizi di free writing prima di mettersi a scrivere? Si tratta di un buon modo per mettere su carta tutto quello che desideri. Lascia che la penna scorra liberamente sul foglio e rendi liberi i tuoi pensieri. Si tratta di un ottimo modo per iniziare a scrivere in modo fluido, senza curarti dello stile o di altri fattori.

L'idea alla base è semplice: si imposta un timer per un certo quantitativo di minuti e nel mentre si scrive continuamente, senza alcuna sosta. Una volta che il timer suonerà la fine della quantità di minuti impostata, potrai passare alla scrittura della tua opera.

La questione della musica

La musica crea ispirazione, ma ha anche un grande problema: crea l'atmosfera giusta e lascia che il tuo cervello si sintonizzi sui ritmi e sui temi dei brani che ascolti. Quindi è vero che ascoltando la musica si potrebbe avere un maggior desiderio di mettersi a scrivere, così come è senza dubbio vero che scrivendo sempre ascoltando la musica si rischia di lasciarsi trascinare dal brano ascoltato. Non di rado sul foglio potrebbero comparire veri e propri riferimenti alla musica ascoltata, il che in ultima istanza non piacerebbe al lettore. Pertanto il miglior consiglio che si possa dare è di non esagerare con la musica e se proprio non si riuscisse a farne a meno, sarebbe importante scegliere quella giusta, che crei la giusta atmosfera per la scrittura del libro. Per esempio, se si vuole descrivere approfonditamente la scena di un funerale, perché non ascoltare un po' di musica triste? Sempre cercando di non esagerare, perché facendosi trasportare da quel brano si rischia di creare un testo troppo intriso di pathos, troppo pieno di una passione infantile, che non piacerà al lettore e potrebbe rendere il testo più superficiale e banale di quanto vorresti.

Le opinioni dei maggiori scrittori si dividono per quanto riguarda la musica, ma la maggior parte dei professionisti non la ascolta quando scrive e ci sono anche coloro che cercano di evitarla completamente, poiché potrebbe influire sul loro stato emotivo.

Nella scrittura, come nella maggior parte dei lavori, serve avere la mente fredda e razionale, non influenzata da nulla. Non puoi scrivere se per qualche motivo non fossi razionale, se non capissi che l'uso di uno stile troppo passionale sia dannoso per l'integrità della tua scrittura. Lo stesso riguarda anche l'alcool: esso potrebbe scioglierti le dita, ma alla fine dei conti è possibile che tu scriva in modo poco professionale dando vita a un testo di bassa qualità.

Scegli accuratamente la prima frase

La prima frase rappresenta una specie di àncora che contribuirà a catturare l'attenzione del lettore. Essa è il viso dell'opera: già dalla prima frase si potrebbe capire di cosa parla. Pertanto potresti prenderti anche qualche giorno per capire come iniziare il romanzo, qual è la miglior prima frase e in che modo collegarla alla continuazione del paragrafo. La logica è che sia la prima frase che il resto del paragrafo devono conquistare l'attenzione del lettore e trasportarlo verso la lettura del resto del capitolo. Quindi serve una prima frase a effetto, che faccia pensare al lettore:

"Diamine! Questo libro dev'essere interessante!"

La stessa cosa vale anche per l'ultima frase del libro: è il mattone che chiude la storia, ma ci penserai quando sarai alla fine della tua opera.

Piccoli suggerimenti per la scrittura

Tutti i grandi scrittori si sono ispirati a qualcuno e tu non sarai un'esclusione dalla regola. Se vuoi scrivere bene, devi leggere molto, ma soprattutto analizzare. Ricordati che un libro analizzato, di cui hai capito bene la struttura, vale 10 libri che leggi in veste di semplice lettore, anziché dello scrittore che vuole capire come è stato creato il libro di un altro autore. Analizzando i testi letti riuscirai a comprendere come sono stati fatti e quindi a replicarli. Attenzione a non plagiare nulla, ma semplicemente a capire alcuni trucchetti che usano gli altri scrittori e usarli a tua volta, adattandoli al tuo testo.

Durante il processo di scrittura premurati di dedicare del tempo all'opera e di continuare comunque a leggere i tuoi autori preferiti. In questo modo ti sarà più facile trovare un tuo stile, che sarà una specie di comune denominatore degli stili di tutti gli autori che ti piacciono e che hai letto. Leggendoli in continuazione riuscirai a ispirarti, a trovare la passione per esercitare quest'arte e a continuare a scrivere. Il fiore fa nascere un altro fiore e la letteratura porta alla nascita della letteratura.

Secondo alcuni autori è addirittura più importante dedicare maggiormente il tempo alla lettura che alla scrittura, quasi in rapporto 1 (scrittura) : 3 (lettura).

Passo 7: la costruzione dei dialoghi

Al di là quello che potresti pensare, i dialoghi occupano una parte molto importante di qualsiasi libro di narrativa: essi riescono ad accentuare l'importanza di una scena, a rendere più dinamica un'azione, a sottolineare il rapporto tra due personaggi e così via. Sono anche importanti per delineare meglio il testo suddividendolo in varie parti.

Principalmente, potresti descrivere un dialogo qualora volessi esporre meglio al lettore un'immagine, una scena o una particolare situazione. Inoltre, ti converrebbe usarlo per descrivere meglio qualche particolarità di un personaggio, come notare un dettaglio oppure per caratterizzare meglio il suo modo di parlare. A tutto ciò si aggiunge anche un'altra possibilità: descrivere una scena o un personaggio usando il dialogo, invece che la parte narrata. Basta farlo durante una conversazione oppure usufruendo del monologo.

In passato moltissimi autori si dimenticavano dei dialoghi, il che rendeva il testo simile a un lungo e noioso monologo. Era un blocco di testo unico e molto lungo, il che non contribuiva in alcun modo a rendere fluida la lettura, né ad aiutare il lettore a comprendere l'ambientazione oppure le sensazioni dei vari personaggi.

D'altro canto non bisogna nemmeno fare l'errore esattamente opposto e trasformare il testo in una specie di dramma teatrale, con tantissime battute messe praticamente le une vicino alle altre.

Usare i dialoghi per rendere più empatico un personaggio

Sai perché un personaggio diventa simpatico al lettore? Soprattutto per due fattori: il suo modo di comportarsi e il suo modo di parlare, che dipende direttamente dalla sua psicologia. Il dialogo dà voce al personaggio e la voce, a sua volta, lo delinea maggiormente. Ovviamente ci sono molti romanzi in cui il personaggio non parla proprio e lo scrittore riesce, in tal caso, a caratterizzarlo in altri modi. D'altro canto esistono opere in cui un personaggio parla davvero tantissimo, talvolta diventando anche fastidioso.

Non si tratta unicamente di quanto parla il personaggio, né di come lo fa (il che è comunque estremamente importante), bensì anche di cosa parla. Basti pensare a quei personaggi così tanto dedicati a un solo argomento, che parlano solo di quest'ultimo.

"Che banalità!" - potresti pensare. - "Chi vorrebbe mai sentir parlare di un solo argomento?"

In molti, in realtà, anche perché si può trattarlo in un infinito numero di sfumature, in modo più o meno divertenti, collegando il tutto alla trama principale e agli eventi che si svolgono. Questo approccio potrebbe essere svantaggioso, specialmente se il tema dei monologhi non fosse in nessun modo collegato alla trama principale, ma d'altro canto, quale modo migliore di caratterizzare qualcuno se non dargli un preciso interesse?

Affinché i dialoghi di questo tipo siano interessanti, è necessario che diano informazioni interessanti. Un dialogo banale, che parla di cose conosciute da tutti, non piacerà a nessuno. D'altro canto, se riuscirai a connettere il senso del dialogo agli argomenti interessanti, farai centro.

Usa i dialoghi per supportare l'azione

Vuoi sapere come creare un'atmosfera di suspense oppure agire sul ritmo narrativo? Usare i dialoghi durante le scene di azione. Impostando un dialogo diretto potrai imprimere un maggiore realismo alla scena e creare interesse. Come?

Pensa ai dialoghi pungenti, intensi. Rifletti sulle parole che creano nervosismo, quelle che incollano il lettore alle pagine. Pensaci: crea più interesse un uomo che entra velocemente urlando qualcosa e sbattendo la porta o un tizio qualsiasi impegnato in dialoghi normali e per niente interessanti?

Affinché tu riesca a raggiungere l'effetto desiderato non puoi fare a meno di armonizzare bene i 3 elementi del testo: la caratterizzazione del personaggio, l'esposizione della trama e la descrizione dell'azione. Non puoi pretendere che un personaggio diventi aggressivo e parli in maniera nervosa se prima di quel momento non lo ha mai fatto e se non ci sono i prerequisiti, qualcosa che lo ha fatto irritare. Il rischio è che la scena diventi poco credibile, se non del tutto ridicola. I dialoghi diventerebbero fini a sé stessi: i personaggi parlano tanto per parlare, senza comunicare un messaggio e, cosa ben più grave, senza creare interesse. La storia non viene proseguita, la trama si blocca e il lettore diventa sempre più tentato di chiudere il libro per concentrarsi su qualcos'altro.

Limita la lunghezza della singola battuta

Se c'è un problema molto diffuso relativo ai dialoghi, esso riguarda il modo di allungare le singole battute dei personaggi. Alla fine dei conti il lettore si ritrova letteralmente intrappolato in battute estremamente lunghe, che sembrano essere una parte della narrativa.

Innanzitutto ricordati che il dialogo non appartiene alla tua penna, bensì al carattere del tuo personaggio e non sono tanti quelli che parlano molto. Paragona i personaggi alle persone che conosci nella vita reale: quante di queste parlano davvero tanto, senza mai essere interrotte? Anche quando una persona spiega qualcosa oppure descrive una situazione, spesso viene intervallata da varie domande o battute. Pertanto è inverosimile che un personaggio possa mettersi a parlare in modo continuo, senza essere intervallato da nessuno. Così come è inverosimile che un personaggio parli a frasi brevissime e venga costantemente interrotto.

Il consiglio che ti posso dare è trovare l'equilibrio tra le battute molto lunghe e quelle molto corte. Non voglio dire che tu debba scegliere le battute di media lunghezza e usare sempre quelle, perché sarebbe superfluo pensarlo. Piuttosto è meglio creare una specie di ritmo del dialogo, affinché la lunghezza della singola battuta sia variabile come lo è variabile il numero delle parole usate in una stessa frase. Così facendo creerai dialoghi molto più belli, di lunghezza variabile e creerai anche un maggiore interesse.

Per giunta, i personaggi non devono spiegare tutto o parlare molto, poiché è sempre bene nascondere qualcosa, celare un elemento importante e farlo intuire al lettore. Lo scopo del dialogo, esattamente come quello del resto del libro, si traduce in una specie di patto tra scrittore e lettore:

"Guarda, ho un segreto che ti racconterò se continuerai a leggere".

E se quel segreto sarà abbastanza interessante e affascinerà il lettore, quest'ultimo continuerà a leggere. I dialoghi, a loro volta, contribuiscono ad approfondire quel genere di segreto rendendolo ancora più speciale. Considera anche che nessuno di noi è abbastanza aperto da rivelare agli altri tutti i propri segreti: tendiamo a tacere su qualcosa, a nascondere degli elementi ed è questo che affascina maggiormente, poiché c'è sempre qualcosa da scoprire.

Caratterizzare il dialogo

Caratterizzare un personaggio significa anche personalizzare il modo in cui parla. Alcuni di noi parlano più lentamente, altri più velocemente. Alcuni non scandiscono le parole perfettamente, mentre gli altri hanno un modo di parlare quasi accademico. Per una questione di realismo devi fare in modo che la comunicazione di un professore universitario sia diversa dalla comunicazione di un semplice contadino. Per esempio, per caratterizzare maggiormente il dialogo di una persona altamente istruita, potresti usare più frequentemente i termini più tecnici e scientifici. Di contro, il contadino potrebbe parlare maggiormente usando i termini dialettali o quelli risalenti al gergo. Ricordati che una persona impegnata in una particolare professione tenderà a usare maggiormente i termini risalenti a quell'ambito professionale.

Puoi anche sperimentare con i dialoghi allungando alcuni fonemi, accorciandone altri e così via. L'importante è che, alla fine dei conti, tu riesca a riconoscere il personaggio dal modo in cui parla senza guardare al suo nome.

Quello di cui parlo è il registro linguistico, ovvero il complesso di termini usati, che di suo è variabile in relazione al vocabolario posseduto.

Sai qual è uno dei maggiori problemi dei dialoghi nella letteratura moderna? Tutti i personaggi parlano in modo uguale.

Marco di Milano parla come Ciro di Napoli. Niente dialetti. Niente gerghi. Tutti comunicano allo stesso modo, il che trasforma il libro in un'opera in cui non ci si riesce a credere.

Se vuoi migliorare i tuoi dialoghi, cerca di ascoltare il modo di comunicare degli altri. Non ci vuole molto: viaggiando sul pullman invece di metterti le cuffie e ascoltare la musica, ascolta ciò che hanno da dire i passeggeri. Ascolta il tono, il modo di pronunciare le parole e come costruiscono le frasi. Vedrai che ci sono tantissime differenze tra il tradizionale metodo di scrittura dei dialoghi e i dialoghi "vivi", quelli che appartengono a persone in carne e ossa. Vedrai che esistono tanti modi di parlare e che tutti sono diversi. Nel mondo reale è difficile trovare due persone che parlano in modo uguale.

Cosa dire di due personaggi di un romanzo, entrambi con un carattere diverso, una storia differente e una provenienza diversa?

Evitare il "disse Marco", "affermò Elena" e così via

Se c'è una cosa che differenzia uno scrittore alle prime armi da un professionista, quelle sono sicuramente le aggiunte alle battute del dialogo. Se ne vedono davvero tantissime, molto spesso. Esse rovinano lo scorrimento del testo, irritano e lo rendono banale. Per giunta i soliti "replicò", "disse", "pensò", "scandì", "pronunciò" e i sinonimi vari non aggiungono nulla al testo, lo rendono pieno di ripetizioni e a lungo andare stancano il lettore. Non sono da eliminare, perché hanno un suo motivo di esistere, ma è meglio limitarne l'utilizzo partendo dalla considerazione che il lettore deve capire chi dice cosa a causa della caratterizzazione della battuta inclusa nel dialogo. Quindi, se Marco ha un suo modo di parlare, ne deriva che basterebbe mostrarlo 2-3 volte al lettore, egli saprà già come parla Marco. Non servirà ogni volta dire che Marco parla così. Il lettore capirà da solo che quella oppure quest'altra battuta spetta proprio a lui. Questo non vuol dire che questo modo di attribuire a un personaggio una frase sia da evitare completamente, ma che non sia obbligatorio farlo costantemente, perché un buon dialogo non lo necessita.

Vedrai che senza usare queste attribuzioni il tuo testo ne avrà solo da guadagnare, anche perché scorrerà più velocemente e ci sarà un minor rischio che il lettore si annoi. Inoltre, eviterai i soliti "lei", "lui" che appesantiscono il testo e non vi apportano nulla.

Controllare i dialoghi

Un buon modo per controllare la scorrevolezza dei dialoghi e capire se assomigliano a quelli che si possono ascoltare dal vivo è rileggerli ad alta voce, cercando di "interpretare" il personaggio con il suo tono, timbro e ritmo. Devi leggere il testo con gli occhi del tuo lettore, ovvero cercando di vederlo esattamente come lo farebbe lui. Probabilmente troverai numerosi dialoghi che non sono davvero quelli dei personaggi, ma che sono i tuoi. In alcune parti vedrai che i dialoghi assomigliano molto al tuo modo di parlare o di costruire i dialoghi. Devi eliminare il tuo carattere, i tuoi pensieri o il tuo modo di parlare dal testo. La storia è, difatti, relativa solo ai personaggi che la compongono. Tutto il resto sono solo mere infiltrazioni da parte dell'autore, che non ci devono essere.

Ovviamente, fintanto che i dialoghi rispecchiano il modo di parlare o il carattere dei personaggi, vi sono ammessi errori di vario tipo: sintattici, grammaticali o di punteggiatura, purché il personaggio di riferimento parli in un determinato modo. Non puoi pretendere che un professore universitario parli senza rispettare la corretta sintassi delle frasi, ma puoi pretendere che lo faccia una persona senza istruzione. Gli errori, quindi, non sono da evitare in qualsiasi caso, ma possono rappresentare un valido modo per caratterizzare il personaggio.

Passo 8: aumenta la qualità del tuo testo

Abbiamo già trattato, seppur non molto approfonditamente, la questione della qualità di un testo. Ora cerchiamo di approfondire il discorso per capire in che modo far sì che il tuo testo abbia un alto livello di qualità.

Innanzitutto, ricordati che la particolarità della letteratura è quella di sfruttare l'immaginazione del lettore. Da questo punto di vista, una narrativa di qualità è quella che stimola la fantasia spingendo il lettore al di fuori dalla sua comfort zone. Pensaci: alle 21.00 sei comodamente seduto sulla tua poltrona, prendi il libro, lo apri e inizi a leggere. Già alle 21.05 stai correndo su un sentiero innevato che si snoda in mezzo ad alti picchi montagnosi per sfuggire alle grinfie di un drago che ti rincorre. Percepisci il gelo di quel posto. Osservi il vapore bianco fuoriuscire dalle tue labbra e ascolti i ruggiti del drago dietro di te. La tua casa intorno scompare per lasciar spazio all'ambientazione del libro.

È questo l'effetto che devi raggiungere se vuoi creare un'opera che avrà successo e che verrà ricordata negli anni a venire. Considera, però, che il solo spingere il lettore al di fuori dal suo ambiente non basta, perché un testo di qualità lo deve portare a chiedersi:

"Cosa verrà dopo?".

In pratica, io in quanto lettore, voglio sapere se il drago riuscirà ad afferrare il fuggitivo oppure se questi riuscirà a sfuggirgli. E, in tal caso, cosa accadrà? Dove egli capiterà? Quali altre avventure vivrà?

Più sono interessato al destino del personaggio e più sono vicino alla storia. Quindi affinché la narrativa sia di ottima qualità è importante che il lettore si identifichi con il personaggio principale, quello che vive le maggiori avventure. Il lettore deve preoccuparsi per la sua sorte, simpatizzargli e comprendere qual è il suo conflitto interiore.

A questi fattori di una narrativa di qualità se ne possono aggiungere anche altri. In primis, la trama deve sollevare questioni importanti e il testo dovrebbe presentare un grande problema sia all'inizio, che alla fine. In secondo luogo i personaggi vanno realizzati con cura e sapienza, poiché devono essere reali e con un carattere estremamente forte, preciso.

Il libro di narrativa va scritto con lo stile adatto e dovrebbe avere più livelli di lettura, spaziando da quelli più semplici fino ai più complessi. In tal modo chiunque legga il libro potrebbe ugualmente trovare qualcosa di adatto per le proprie esigenze. Più livelli di lettura riuscirai a imprimere al testo e maggiori vantaggi avrai, ma non devi esagerare. Se il tuo obiettivo finale è creare un testo di qualità che sia adatto, per esempio, ai bambini o agli adolescenti, non devi esagerare con la complessità poiché imprimendo troppi livelli di lettura renderai il libro sin troppo pesante da leggere.

Infine, una narrativa di qualità dovrebbe avere delle novità negli eroi, nelle azioni, nella trama, negli obiettivi e così via. Proponendo cose nuove creerai interesse e il tuo testo ne guadagnerà.

Il conflitto e l'antagonista

Non ci sono racconti degni di nota senza alcun conflitto. Pensaci: "Romeo e Giulietta" sarebbe diventata un'opera così famosa se non ci fosse stato il tema sociale a creare il conflitto? E Harry Potter senza Voldemort?

Sarebbe stata solo la storia di un maghetto che studiava a scuola.

Da qui deriva che molto dipende non solo dal tuo personaggio principale, ma anche dal suo antagonista. Più quest'ultimo sarà forte e maggiori saranno le sfide poste dinnanzi al personaggio. D'altro canto non serve per forza di cose concentrarsi sul conflitto tra l'eroe e un antagonista impersonificato da qualcosa, perché l'eroe può combattere anche contro la società, contro alcuni gruppi della stessa, contro concetti, filosofie e molto altro ancora. La tipologia conflittuale della "persona vs persona" è solo una delle tante e spesso ci si dimentica che sia possibile essere contro il mondo, contro un oggetto, contro la propria famiglia e persino contro sé stessi. L'importante è che un testo di qualità includa un conflitto molto intenso, che rappresenterà la radice della trama nel testo: è l'elemento su cui quest'ultimo si fonda.

Ricordati che il conflitto esterno al protagonista viene provocato tramite problemi esterni e va risolto con approccio adeguati, provenienti anche dall'"interno" dell'eroe. La risoluzione dei conflitti interiori, invece, viene sempre provocata unicamente da azioni interiori.

Rifletti bene sulla tipologia di conflitto che vorresti creare.

Non dovrebbe essere un conflitto essenzialmente banale, che non susciterebbe alcun interesse nel lettore, vero? D'altro canto, vale la stessa regola dell'originalità: non importa cosa racconti, ma come lo fai. Se volessi descrivere in modo approfondito un conflitto banale, potresti farlo creando interesse nel lettore e fornendo al tuo libro qualcosina in più rispetto ad altri che hanno trattato lo stesso tema.

La ricchezza letteraria della narrativa è sicuramente molto importante, ma lo è di più il tuo modo di raccontare le cose.

Il tutto, nel suo complesso, darà al testo una qualità maggiore. Vedrai che attenendoti ai consigli qui presenti riuscirai a creare un'opera di spessore. Certamente, anche se anche all'inizio tutto ciò ti potrebbe sembrare difficile, con il tempo ti abituerai a creare testi multilivello, curati sia nella parte dello stile, sia in quella della composizione.

Ricordati anche che l'avversario principale del tuo personaggio può esistere anche in qualità di un'idea, come se fosse un lontanissimo fantasma che incute terrore a tutti i personaggi della storia.

Un'ombra, insomma.

Di simili antagonisti ne esistono tantissimi: Sauron, Lord Voldemort, il Re della Notte e molti altri ancora. Il tuo lettore deve temere questa lontana e paurosa figura, esattamente come il tuo personaggio principale deve averne terrore, provare a evitarlo, ma comunque scontrarsi con lui e sconfiggerlo se fosse necessario.

Passo 9: evita gli errori

Come avevo già detto, è impossibile scrivere un testo e non fare errori di qualsiasi genere. Puoi anche essere Stephen King con il talento di Joanne Rowling, ma commetterai comunque molti errori. Perché? Beh, li fanno anche gli scrittori professionisti, quelli più famosi, ed è normale che li faccia qualcuno che si avvicina al campo della scrittura. Il punto è apprendere dagli errori che si fanno e non farli più, perché sia il tuo livello di scrittura che la profondità dei tuoi testi sono 2 fattori che dipendono dalla tua capacità di automigliorarti evitando i cliché e gli errori di tanti novellini.

Ma andiamo con ordine, quali sono gli errori da non fare?

In primo luogo, non pensare di essere un ottimo autore già dopo aver scritto 1-2 racconti. Saranno sicuramente pieni di sbagli, disarmonie, ripetizioni e sottoponendoli all'occhio critico di altre persone, c'è il rischio che queste ti demoralizzino. Cerca, invece, di scrivere almeno 6 racconti iniziali. Perfezionali. Solo dopo vantatene con altre persone. Un buon modo per migliorare e crescere è di non far leggere a nessuno i propri racconti iniziali, quelli che solitamente si scrivono per imparare.

In secondo luogo, ricordati sempre che la letteratura è legata a determinate tradizioni letterarie, nonché a una precisa cultura. Far finta che prima di te non esistevano altri scrittori e che completamente originale è del tutto sbagliato: ispirati a coloro che vennero prima di te, perché il passato apre la strada al presente e quest'ultimo fa nascere il futuro.

Evita i soliti trucchetti della trama, molti dei quali ripetuti già tantissime volte. Allo stesso modo evita di descrivere banalità, come gli angeli che tutto d'un tratto decidono di non obbedire più a Dio e fare di testa loro: è una specie di trama presente in varie storie ed è anche poco creativa.

A tutto ciò si aggiunge anche la questione dell'amore, quel sentimento ultraterreno che in tantissimi non riescono a descrivere se non con la solita banalità: "provava un amore ultraterreno".

Se il reciproco sentimento tra due personaggi è talmente intenso che non riesci a descriverlo, forse, alla fine dei conti non è così importante. Inoltre, ricordati cosa abbiamo già detto: mostra, non descrivere. Se quell'amore è davvero ultraterreno, mostralo nel testo.

Non insegnare ed evita di scrivere in modo troppo filosofico. Le persone leggono per riposare oltre che per interessarsi di qualcosa di nuovo. Non hanno alcun bisogno d'insegnamenti su insegnamenti, che anzi vengono visti di cattivo occhio. Se proprio vuoi esporre i tuoi pensieri filosofici, scrivi un libro a parte informando il lettore che si tratta di un libro di filosofia, così che egli eviti di comprarlo. Pertanto non devi spiegare ai lettori che il mondo è ingiusto: mostralo e saranno loro a capirlo. Tuttavia, non esagerare, perché i tuoi pensieri in merito alla politica, ai sentimenti, alla vita non interessano quasi a nessuno... almeno finché sei un autore del tutto sconosciuto.

Non esagerare con il pathos. Certo, vorresti imprimere al libro le emozioni, ma esagerando rischi di trasformarlo in un'opera banale e superficiale. Allo stesso modo usa i 3 puntini con equilibrio. Non serve posizionarli alla fine di ogni frase per creare suspense oppure per far intuire al lettore che il tuo libro è estremamente profondo. I 3 puntini sono uno strumento letterario e come tale vanno usati con bilanciamento.

Non serve spiegare le cose chiare a prescindere, poiché il lettore non è stupido e se c'è qualcosa di comprensibile senza alcuna spiegazione, significa che non necessita di essere spiegata. Tuttavia, se un tema è completamente chiaro per te, ciò non significa che sia chiara anche per il lettore, motivo per cui sia meglio approfondire i concetti non popolari e far comprendere che hai una certa competenza in un campo.

Scrivi di cose che conosci e di cui sei sicuro, perché il tuo lettore potrebbe individuare anche gli errori più piccoli e il libro diventerebbe inverosimile. Considera poi che ci sono anche molti lettori interessati al fact-checking: andranno a controllare praticamente qualsiasi cosa che tu abbia scritto e nel caso trovassero degli errori, non esiterebbero a renderli pubblici, motivo per cui è necessario che tu sappia cosa stai scrivendo.

Infine, dovresti evitare altri 2 errori estremamente comuni. In primis, non essere troppo serio quando si parla del tuo libro, perché la letteratura è, prima di ogni altra cosa, ironia. Certo, magari stai pensando di aver scritto il miglior libro di sempre e forse è davvero così, ma non puoi arrabbiarti se qualcuno lo critica. Cerca di reagire alle critiche in maniera costruttiva e positiva, perché non sei un genio della letteratura e hai bisogno di aiuto per migliorare. In secondo luogo pensa proprio alla critica: quelli che ti mostrano i punti deboli della tua opera non sono invidiosi di ciò che scrivi, ma si lamentano per aver trovato dei problemi che bisognerebbe risolvere.

Passo 10: ricordati del lettore

Prima abbiamo visto che per scrivere un ottimo libro non si può fare a meno di considerare il punto di vista dei lettori, anche perché tu potresti pensare di essere un ottimo scrittore, ma il lettore potrebbe pensare l'esatto contrario.

Vogliamo essere sinceri?

Bene, tu per me (ovvero per un qualsiasi lettore medio) sei solo un altro autore novellino di un altro libro come migliaia e non so per niente cosa aspettarmi da te, motivo per cui non devi pensare che sarò paziente.

No.

Se il tuo libro non mi piacerà, non esiterò a riposizionarlo sullo scaffale della libreria. E qualora scrivessi un'ottima introduzione, ma il resto del libro fosse di qualità scadente, lo farò sapere a tutto il mondo.

Ti capisco, scrivere libri è difficile, ma se non sei riuscito comunque a catturare la mia attenzione scusa... ti dimenticherò il prima possibile, probabilmente senza nemmeno aver finito di leggere la tua opera.

Il nome

La prima cosa che vedo del libro è il suo nome. Mi interesso al testo proprio a partire da quest'ultimo. Secondo te vorrei acquistare un altro libro con un nome troppo generico o banale, come "La spada e la maledizione" o "Il mago degli Elfi"?

Per niente proprio.

Io cerco un nome interessante, ricercato, che mi spieghi ciò che troverò nel libro e mi spinga a comprarlo. Un nome che ispiri.

Se proprio non sai che nome scegliere, potresti rivolgerti ai tuoi amici, far leggere il testo a loro e scegliere insieme il nome più creativo e adatto alla storia. Nel caso collaborassi con un editore professionista, non dovresti preoccuparti: saranno loro a consigliarti il miglior nome. A te spetterà solo la decisione se affidarti alla loro scelta oppure se pensare a qualcos'altro. Se poi sceglierai un nome intrigante, stai pur sicuro che comprerò il tuo libro, lo porterò a casa, mi prenderò un calice di vino e proverò a gustarmi la tua opera davanti al camino.

Il testo

Ecco, finalmente spalanchiamo la porta nel reame delle parole e delle lettere. Io, lettore, entro nel mondo che racconti senza sapere nulla, ma ciò non significa che tu debba consumare le prime 300 pagine per descriverlo nei dettagli. No, non mi interessa saperne la storia: raccontami cosa vi accade e strada facendo mi darai anche degli accenni a quel particolare mondo. Anzi, prima d'includere nel testo tutti i dettagli dell'ambientazione, chiediti se sia strettamente necessario farlo, perché se il testo è integro e interessante anche senza quelle descrizioni, allora forse faresti meglio a evitarle. I dettagli, in effetti, appesantiscono e non sempre sono utili ai fini della trama.

A proposito del testo: non penserai mica che non mi interessano i personaggi e come li descrivi? Io, in quanto una persona semplice e comune, soffro di moltissime cose: caldo, freddo, fame, sete... Mi pungono le zanzare. Mi danno fastidio i ragni. Nella completa lista si possono trovare anche problemi come le macchie sui vestiti, tagli sulla pelle, raffreddore e molto altro ancora. Se io ho tutte queste sofferenze, perché i tuoi personaggi sono perfetti? Sono tutti divini?

Io egoisticamente vorrei che i tuoi personaggi soffrano come lo faccio io. Certo, è un pensiero negativo, ma io sono umano e vorrei che anche le persone nate dalla tua penna lo siano. Voglio che soffrano. Voglio che ottengano ciò che desiderano solo tramite la sofferenza, come le ottengo io. Semplicemente non ci credo che delle persone comuni possano avventurarsi nelle foreste piene di pericoli e passeggiarvi come se nulla fosse o affrontare altri pericoli senza farsi un graffio. Anzi, voglio che combattano, che uccidano, che muoiano.

Mi interessa anche come agiscono i tuoi personaggi. Per esempio, perché usi la forma passiva delle frasi invece di quella attiva? Forse non lo sai, ma descrivendo qualcosa attivamente e dando abbastanza movimento a un'azione, quest'ultima diventerà più dinamica e riuscirò a immaginarla meglio.

Più sarà attiva la tua scrittura e più azione ci sarà.

Di conseguenza anche io riuscirò ad avvicinarmi maggiormente al testo. La forma attiva, poi, dà anche meglio l'idea di quello che accade e aiuta ad accorciare il numero delle parole usate.

Non solo: vorrei anche che i tuoi personaggi non siano onnipotenti. Non mi importa quanto si sia allenato e quanto sia forte, ma ogni personaggio deve avere dei limiti sia per quanto riguarda la sua forza, sia in relazione alle sue conoscenze. Non mi creare delle piccole divinità che uccidono e ruminano ogni cosa senza un minimo di allenamento, ma limitali e fallo in modo rimarcato. Mostra che sono umani, come me, e poi mostra come migliorano, in che modo evolvono e come diventano forti. Descrivi le loro capacità, ma ricordati che tutti noi abbiamo delle competenze che rischiamo di perdere. Perché il tuo eroe, invece, si ricorda sempre cosa fare e in che modo? Se io non guidassi l'auto per 5 anni, mi dimenticherei di come farlo e dovrebbe dimenticarsene anche il personaggio del tuo libro.

Inoltre, sai cosa mi diverte maggiormente?

Le contraddizioni del tuo libro.

Mi piace moltissimo notare come tu stesso ti perdi tra le descrizioni che fai. Mi rende felice notare che prima un dettaglio era di un colore e subito dopo di un altro colore, senza che sia accaduto nulla. Dal numero delle volte che contraddici te stesso capirò se hai riletto il libro attentamente oppure no. Capirò anche che, forse, non solo le prime pagine sono ricche di contraddizioni, ma anche il resto del libro.

A proposito delle cose divertenti, mi piace anche come cerchi di sessualizzare le figure femminili rendendo le tue eroine praticamente nude. Anzi, sto scherzando: ormai farlo è sintomo di banalità e superficialità. Persino nell'Antica Roma i pittori illustravano le donne comuni come cittadine ben vestite, mentre quelle nude erano le prostitute. Forse sarà il caso di vestire il tuo personaggio femminile in un modo più consono alla situazione?

Ah, e ricordati che sono esigente. Io cerco ed esigo originalità. Se parli di orchi, elfi, nani e così via, falli diversi perché sono stanco di leggere sempre le stesse cose. Tutte le creature di questo tipo sembrano essere stampate a pennello, delle copie perfette gli uni degli altri. Sì, esistono dei canoni, come quello del fantasy epico, ma potresti comunque aggiungere a queste figure qualcosa di tuo, di personale. Rendi gli elfi più originali di quel che sono. Cambia il loro vestiario, rendili con carattere diverso oppure falli cattivi... La scelta sta a te, ma, per favore, rendili speciali.

Già che ci siamo, ricordati anche che la religione è una cosa seria. Se ne inventi una per dare un maggior spessore al tuo libro, premurati di farla verosimile. Allo stesso modo, cerca di trattare seriamente le tantissime divinità del tuo libro. Fa che siano potenti, che abbiano una storia, che comunichino in modo adatto. Leggere di come un qualsiasi contadino abbia trovato un artefatto magico grazie al quale è poi andato a sconfiggere il dio della guerra di turno è semplicemente noioso. E, tra l'altro, non è obbligatorio far scontrare i tuoi eroi con le divinità: puoi farle interagire con loro e costruire la trama basandoti su altre idee.

Prova a trovare il bilanciamento perfetto.

Ecco, l'equilibrio vale anche per quanto concerne l'umorismo. Il lettore, ovviamente, vuole sorridere. Io voglio che sulle pagine del libro ci siano delle battute, ma questo non vuol dire che devi trasformare un horror in un libro di comicità. L'humor può essere inadatto. Molti anni fa Stanislaw Lec, uno scrittore polacco, disse che alla satira spetta ricostruire ciò che aveva distrutto il pathos. Aveva ragione, certo, ma si era dimenticato di dire che la satira dev'essere adatta.

Ah, e se volessi pensare a tutti i dettagli del tuo mondo, rifletti anche su questo: se crei un mostro grandissimo, la prima cosa che penso è: "ma questo qui a che ecosistema appartiene? Come si nutre?" E se scrivessi che una granata uccide tutti i personaggi negativi, ma non fa nemmeno un graffio a quello positivo, stai pur sicuro che ti accuserò di poco realismo e getterò il libro dalla finestra. Perché?

Beh, le fiamme del drago uccidono tutti, anche le persone buone. Lo stesso vale per i proiettili sparati da un fucile o per le bombe.

Non sono dettagli che saltano all'occhio ai bambini o agli scrittori novellini, ma se vuoi perfezionare il testo, dammi delle risposte che chiariscono le motivazioni di esistenza di creature così grandi. La poca attenzione prestata ai dettagli può uccidere anche la miglior opera, distruggendola già all'inizio.

Ovviamente, se scrivi un giallo devi creare le atmosfere adatte e presentarmi dei casi che non riuscirò a risolvere stando comodamente seduto sul mio divano, già a 5 pagine dopo l'inizio. Questo vale per tutti i generi: crea un enigma, dammi un segreto e sarò voglioso di scoprire cosa si nasconde dietro allo stesso. Tuttavia, non essere troppo banale e fai in modo che non lo riesca a scoprire. Per esempio, se il tuo personaggio avesse perso entrambe le braccia in guerra, non dirmelo subito. Scrivi, invece:

"Egli cercò di muovere le mani".

Nascondi il fatto che ora è sprovvisto di braccia.

Prima di finire, un'altra cosa: non mischiare i generi come se fossero latte e zuppa di cavoli. Perché se tu mischiassi una parte di latte e 5 parti di zuppa, non avresti una sostanza bevibile in rapporto 1:5, bensì avresti 6 parti di una sostanza che nessuno sano di mente berrebbe. Nella letteratura accade la stessa cosa: voglio leggere il libro di un genere, non un libro di 55 generi tutti diversi.

Di base, scrivi comunque ciò che ti piace e ciò che vuoi. Rendi il tuo testo vivo. Aggiungici l'amore, il sesso, l'amicizia, l'odio, il lavoro e poi rendilo unico: ti ringrazierò per averlo fatto e come minimo mi ricorderò di te.

Passo 11: la fine! Edita e taglia!

Evviva! Il tuo libro è adesso pronto! Finalmente puoi correre dall'editore, mettergli il testo davanti e dirgli di trasformarlo in un fantastico libro…

O forse non è ancora la fine?

In effetti, dopo aver scritto il testo esso sarà solo la tua prima bozza, su cui dovrai ancora lavorare molto, ma solo dopo averlo messo da parte per un bel po', tanto da dimenticartene e poter poi leggerlo con gli occhi del lettore. Nel periodo che intercorre tra la fase di scrittura e quella dell'editing deve passare abbastanza tempo affinché tu possa dimenticarti di come avevi scritto il testo. Poi potrai prendere di nuovo il libro e iniziare a leggerlo. Durante la lettura butta tutte le parti inutili di testo.

Un famoso scrittore in passato disse:

"Tagliate come se foste impazziti!"

Non aver paura di cestinare, poiché l'editing del tuo testo deve avvenire senza alcuna paura di cancellare, pensando sempre alle persone che leggeranno il libro.

Se non vuoi tagliare, ma pensi che una parola sia sbagliata, ricordati della regola:

"Si può sempre trovare un termine con un significato più preciso. Un termine più semplice. Migliore."

Cerca di eliminare soprattutto le parti di testo che i lettori abitualmente evitano, come i lunghi e noiosi paragrafi di prosa. Soprattutto se notassi la tendenza di ripetere un certo pensiero più di 2 volte, scegli la parte di testo in cui ti esprimi meglio ed elimina l'altra.

Se durante l'editing ti sembrasse che una certa parte potrebbe risultare leggermente incomprensibile per il lettore, significa che è incomprensibile al 100%: modificala o cancellala. Nel mentre elimina o riduci tutti i filtri dell'autore, come "lui pensò", "lei notò" e così via.

Alla fine della prima rilettura, trova la scena descritta peggio e cancellala. Se proprio il lettore deve sapere cosa vi accade, sostituiscila con una frase o un piccolissimo gruppo di parole. Ovviamente dovrai buttare fuori dal testo tutte le parti inutili, che non contribuiscono a sviluppare i personaggi, non muovono la trama o non creano l'atmosfera. Questo vale anche per le singole parole: devi fare in modo che le tue frasi siano melodiche all'orecchio. Per controllare la validità del periodo, rileggilo a voce alta: se è troppo complesso, riducilo. Del resto la letteratura è anche musica e la tua opera non è mica un'esclusione.

Infine, chiediti se il testo è interessante, se il tuo obiettivo, fissato all'inizio, è stato raggiunto. Domandati se l'Idea è davvero chiara, se è stata esposta bene.

Di base, controlla i seguenti punti:

1. La presenza di un inizio generico o debole, come la solita scena della pioggia che dovrebbe suscitare la nostalgia.
2. Una fine debole, che non risponde alle domande.
3. Una trama non ben esposta.
4. Un personaggio principale non evoluto adeguatamente.
5. Troppe informazioni inutili.
6. Un'evoluzione della trama troppo veloce o lenta.
7. Comportamento illogico dei personaggi oppure la mancanza di una motivazione.
8. La troppa caoticità nei pensieri, azioni, descrizioni, emozioni, ambienti.
9. Gli errori nella descrizione degli eventi.
10. Incongruenze nell'ambiente creato.
11. Incongruenze nei personaggi o negli eventi in cui questi agiscono.
12. Cose non spiegate.

Per quanto riguarda il testo:

1. Tautologie.
2. Ortografia.
3. Ripetizione della lunghezza delle frasi o della loro struttura.
4. Frasi troppo astratte.
5. Errori nella consecutio verbale.
6. Utilizzo troppo frequente dei pronomi.
7. Parole sconosciute.
8. Incongruenze nei dialoghi o nei pensieri dell'autore.
9. Incongruenze nel tono di voce dei personaggi, nei punti di vista, intonazioni o gesti.
10. Parole usate male, con un senso sbagliato.
11. Punteggiatura.

Alla fine di un controllo così approfondito avrai un testo ottimizzato rispetto alla sua versione precedente.

Solo dopo potrai davvero portarlo dall'editore.

Printed in Great Britain
by Amazon

Printed in Great Britain
by Amazon

41398627R00059